LE MUSEE DES CIVILISATIONS ANATOLIENNES

EUROPEAN
MUSEUM OF THE YEAR
AWARD

The Museum of Anatolian Civilisations, Ankara, Turkey

The Committee would like to take this opportunity of expressing its regard for the outstanding achievements and contribution to museum progress of

Winner of the 1997 Award

and has great pleasure in making this Presentation as a permanent record of its esteem.

KENNETH HUDSON
Director

CE GUIDE DU MUSÉE A ÉTÉ PRÉPARÉ ET OFFERT AU MUSÉE PAR LES SPÉCIALISTES DU MUSÉE DES CIVILISATIONS ANATOLIENNES DONT L'ANONYMAT A ÉTÉ PRÉSERVÉ PAR LA DIRECTION DU MUSÉE.

1. Vieux tableau d'Ankara. Peinture à l'huile. Dimensions : 200 x 117 cm. Auteur inconnu - XVIIème s. Amsterdam. Rijksmuseum.

2. Vue aérienne du musée des civilisations anatoliennes et de son environnement historique.

3. Vues des travaux du musée au début du XXème s. et après restauration.

HISTORIQUE DES BÂTIMENTS DU MUSEE

Le Musée des Civilisations Anatoliennes occupe deux bâtiments datant de l'époque Ottomane, aménagés de façon à servir à leurs nouvelles fonctions, et situés dans le quartier dit "du marché aux chevaux" (Atpazarı), au sud-est des murailles extérieures de la Forteresse d'Ankara. Ces deux constructions sont, l'une, le Bedesten (petit marché couvert) de Mahmut Paşa, l'autre le Kurşunlu Han.

Le Bedesten a dû être construit, estime-t-on, entre 1464 et 1471 par Mahmut Paşa, un des grands vizirs de Mehmet le Conquérant. Il ne possède pas d'inscription. Les sources écrites indiquent que c'était le lieu de distribution des étoffes de laine d'Ankara. Le plan de l'édifice est de type classique: un espace rectangulaire fermé couvert de 10 coupoles, entouré d'un ensemble de 102 boutiques voûtées se faisant face.

Le Kurşunlu Han a été construit, d'après les dernières recherches effectuées en se basant sur les registres cadastraux, par Mehmet Paşa, un autre grand vizir de l'époque de Mehmet le Conquérant, pour assurer une rente à l'hospice qu'il avait fondé à Üsküdar (Istanbul). Le Han ne porte pas d'inscription. Des pièces de monnaie de Murat II ont été retrouvées lors des travaux de restauration en 1946. Ceci permet de conclure que la construction existait déjà dans la première mitié du 15 ème siècle. Le Han est typique de ce genre de construction de l'époque ottomane: une cour centrale avec portique, entrourée de pièces disposées sur deux étages, 28 au rez-de-chaussée, 30 à l'étage supérieur. Chaque pièce possède un foyer. Au sous-sol, une écurie en forme de Loccupe les côtés ouest et sud. Le Han a également une série de boutiques: 11 dans la façade nord, 9 dans la façade est et 4 autres en vis-à-vis dans l'entrée en forme de "eyvan". Mehmet Paşa fut nommé grand vizir en 1467 après la destitution de Mahmut Paşa, et a exercé ces fonctions jusqu'en 1470. Il a fait construire une mosquée, un hospice ét une école coranique (medrese) à Üsküdar, où il est enterré.

Ces deux constructions, qu'occupe actuellement le Musée, avaient été abandonnées en 1881 après un incendie.

4. Photographie aérienne de la citadelle d'Ankara et de ses alentours.

5. Vue de l'Akkale utilisé pendant des années comme musée.

HISTORIQUE DU MUSEE

Le premier musée d'Ankara a été créé en 1921 dans un des bastions de la forteresse, l'Akkale, par Mübarek Galip Bey, directeur de la Culture. Des pièces d'exposition ont également à l'époque été rassemblées au Temple d'Auguste et dans les Thermes romains Partant de l'idée de fonder un "Musée Hittite" dans la capitale à la suggestion d'Atatürk, les oeuvres hittites des autres régions ont été envoyées à Ankara, et il s'est trouvé indispensable de choisir de plus vastes locaux pour servir de musée. Le directeur de la Culture Hamit Zübeyr Koşay proposa alors au Ministre de l'Education nationale de l'époque, Saffet Arıkan, de restaurer le Bedesten de Mahmut Paşa et le Kurşunlu Han, abandonnés et de s'en servir comme musée. Cette idée a été adoptée, et les travaux de restauration, qui devaient se terminer en 1968, ont été entamés en 1938. La plus grande partie de l'espace central du Bedesten, avec sa coupole, ayant été restaurée dès 1940, une délégation présidée par l'archéologue allemand H.G. Guterbock commença à disposer les oeuvres à exposer. La partie centrale du Musée a été ouverte au public en 1943, les travaux de restauration se poursuivant par ailleurs. Le projet de restauration de cette partie centrale conçu par l'architecte Macit Kural, avait été réalisé après adjudication par l'architecte Zühtü Bey. En 1948, l'administration du musée quitta l'Akkale qui devint dépôt, pour s'installer dans quatre pièces restaurées du Kurşunlu Han. Les travaux de restauration du bazar couvert autour de l'espace central recouvert par une coupole ainsi que son aménagement pour exposition ont été conçus et réalisés par l'architecte İhsan Kıygı, spécialiste en architecture monumentale. Cinq boutiques ont été laissées dans leur état original, les cloisons séparant les magasins supprimées, de façon à obtenir un vaste couloir d'exposition. A la fin des travaux en 1968, le musée a pris son aspect définitif. Le Kurşunlu Han abrite les bureaux des chercheurs, la bibliothèque, une salle de conférences, un laboratoire et des ateliers, alors que le Bedesten de Mahmut Paşa sert de salle d'exposition.

Le Musée des Civilisations Anatoliennes, qui est un des plus remarquables musées au monde par l'originalité de ses collections expose des pièces archéologiques anatoliennes, du Paléolithique à l'poque ottomane, ceci par ordre chronologuque, et dans un édifice historique.

6. Une vue de l'entrée du musée.

7. Une vue d'une partie des vitrines de l'âge néolithique.

8. Vue générale de la salle phrygienne.

9. Reconstruction à l'échelle 1/2 de la chambre funéraire en bois de Midas.

10. Vue générale de la section phrygienne à partir de la salle d'Ourartou.

11. Vue de la salle centrale du musée. Orthostates avec bas-reliefs et statues présentés selon leur disposi-

12. Vue de la salle des époques classiques.

13. Vue générale de la salle où sont exposées les oeuvres trouvées à Ankara.

14. Grotte de Karaïn. Vue générale.

PALEOLITHIQUE

Le Paléolithique, ou âge de la pierre taillée, a commencé il y a 2 millions d'années, et s'est achevé il y a quelque 10.000 ans. Ces dates sont valables pour le monde tout entier, et peuvent varier selon la région. Cet âge, qui représente 99 % de l'histoire de l'humanité, est, du fait qu'il est également celui de l'apparition des premiers humanoïdes et du déclanchement du processus d'hmanisation par la fabrication d'outils, une étape très importante de l'histoire de l'humanité.

Les hommes du Paléolithique, qui vivent sous l'influence déterminante et restrictive de la nature, sont, économiquement parlant, des chasseurs et des cueilleurs. Ces hommes, qui ne peuvent produire leur nourriture, s'alimentent uniquement avec les fruits, légumes et racines qui poussent là où ils vivent, ainsi qu'avec la viande des animaux qu'ils chassent. Ils vivaient en petits groupes nomades, poussées par le climat et l'environnement à chercher de nouvelles nourritures et à suivre le gibier.

Ils trouvaient abri dans des groties et sous les rochers là où il y en avait, ou se confectionnaient des abris en plein air là où ne se trouvait pas d'abri naturel.

Le Paléolithique se divise en trois périodes: inférieur, moyen et supérieur, d'après une série de traits caractéristiques et culturels.

Les hommes du Paléolithique inférieur se sont mis à fabriquer des outils de pierre simples, conformes à leur capacité mentale, pour les utiliser en vue de se protéger des animaux sauvages, se nourrir, chasser, voire lutter entre eux. Ils ont, soit travaillé les pierres qu'ils trouvaient à leur portée avec des pierres plus dures, soit utilisé comme outils en les retouchant très peu, des pierres dans leur état naturel.

Le climat, tempéré tout au long du Paléolithique inférieur, se mit à changer au cours du Paléolithique moyen pour aller vers une nouvelle glaciation marquée par, de plus fréquentes chutes de neige, et a provoqué dans l'existence de l'homme une série de changements technologiques et dans la mode de vie. Le changement technologique le plus notable intervient dans l'industrie de la taille de la pierre. Les outils de pierre du Paléolithique inférieur, bifaces, sont très soigneusement taillés, et sont, par les retouches pratiquées à leurs bords, destinés soit à gratter, soit à servir de pointe. Les hommes de l'époque sont de l'espèce dite de Néanderthal. Qu'ils aient pu, avec leur technologie limitée, chasser le mammouth, le rhinocéros et toute sorte de gros gibier prouve à quel point ils étaient passés maitres dans l'art de la chasse, et laisse à croire qu'ils avaient développé des techniques cynégétiques ingénieuses.

On constate par ailleurs l'apparition à l'époque de certaines manifestations de croyance. Les sépultures simples ou doubles, adjointes de niches dont on peut penser qu'il s'agissait de dépôt de nourriture, font penser que les Néanderthaliens avaient des rites funéraires.

Au Paléolithique supérieur, le climat est à la sécheresse. C'est alors que l'Homo Sapiens, considéré comme l'ancêtre de l'homme moderne, remplace l'homme de Neanderthal. L'Homo Sapiens est doué, et ressemble davantage à l'homme de notre époque.

Le développement de la technologie de la taille de la pierre au Paléolithique supérieur est remarquable, et atteint des sommets. Le silex taillé remplace les bifaces classiques, et l'on observe une diversification des outils: grattoirs, perçoirs, stylets, pointes en forme de feuille, navettes...

A côté des outils en pierre, on constate également un accroissement des outils de corne et d'os. En fait, à l'époque, la plupart des outils de pierre servaient à façonner les outils en os. Au Paléolithique supérieur, l'homme fabrique enfin des "outils servant à faire des outils."

Un développement important enregistré au cours du Paléolithique supérieur est, du point de vue de la vie intellectuelle de l'homme, le fait que celui-ci commence à produire des oeuvres d'art. Les peintures rupestres ou sur certains objets, les gravures, bas-reliefs et statuettes font jouer au

Paléolithique supérieur. Les gens de l'époque utilisaient des objects décoratifs, des bijoux en os de poisson, coquilles, divers os d'animaux, défenses et coquillages. Les hommes de l'époque enterrent désormais leurs morts de façon systématique.

Quand on considère les résultats des foulles et recherches en surface réalisées en Anatolie, on constate - en dépit du fait que les recherches n'aient pas encore été poussées à fond - de par l'étude des pierres et os, faune et flore, résidus humains et oeuvres d'art des périodes paléolithiques inférieure, moyenne et supérieure, que, dès ces âges, l'Anatolie est densément peuplée.

La seule grotte qui représente toutes les périodes du Paléolithique en Anatolie, avec une permanence stratigraphique, est Karain. Cette grotte, que se trouve à 30 km. au nord-ouest d'Antalya, a sur 10.5 m. d'épaisseur plusieurs strates de peuplement des périodes paléolithiques inférieure, moyenne et supérieure. On y a découvert en grande quantité des outils de pierre taillée et d'os, des oeuvres d'art, des fragments de dents et d'os d'Homo Neanderthal et d'Homo Sapiens, ainsi qu'une foule d'os brûlés ou non.

Les découvertes de la grotte de Karain sont importantes non seulement pour le Paléolithique anatolien, mais aussi pour le Paléolithique du Proche-Orient.

La plus grande carence dans le Paléolithique anatolien provient du fait que la chronolgogie absolue n'a pas encore été réalisée. D'autre part, les recherches poursuivies sur les découvertes des fouilles et des recherches en surface systématiques effectuées dans la région du Bas-Euphrate ains que des fouilles qui ont repris dans les grottes de Karain et Yarımburgaz, sont orientées vers la solution des problèmes stratigraphiques et chronologiques du Paléolithique anatolien.

Les plus belles pièces paléolithiques du musée proviennent de cette fameuse grotte de Karain, près d'Antalya, sur la côte méditerranéenne hachettes, grottoirs, pointes de pierre; aiguilles, ornements en os.

15. Grotte de Karaïn. Section E. Fouilles de 1986.

16. Grotte de Karaïn. Section B.

17. Vue des terrasses de l'Euphate.

18. Biface. Silex. Région de Gaziantep. Paléolithique inférieur.

19. Bifaces de type classique (haches). Silex. Région de Gaziantep. Paléolithique inférieur.

20. Ensemble d'outils de pierre taillée. Silex. Grotte de Üçağızlı. Paléolithique supérieur.

21. Différentes pointes. Silex. Grotte de Karaïn. Paléolithique moyen.

22. Vue aérienne de Çatalhöyük.

23. Reconstruction dans le musée d'une maison de Çatalhöyük.

NEOLITHIQUE (ÂGE DE LA PIERRE POLIE)

Dans l'histoire de l'humanité, on appelle Néolithique l'âge aù l'homme à la fois produit sa nourriture et se sédentarise. Au début de cet âge, l'homme peut cultiver, mais ne fabrique pas encore de récipients en terre cuite. Il utilise des corbeilles et des récipients de bois ou de pierre. Cette première période néolithique est par conséquent nommée acéramique. Cette période, que l'on retrouve dans quelques emplacements en Anatolie, est marquée par des édifices construits selon un ordre établi, des outils et armes de pierre et d'os, et des objects décoratifs, qui reflètent le tout début de la vie rurale sédentaire.

Le centre néolithique le plus évolué de l'Egée et de tout le Proche-Orient ancien est Çatalhöyük, à 52 km. au sud-est de Konya, au nord de la sous-préfecture de Çumra. Les maisons dégagées dans les dix couches de peuplement déterminées par les fouilles, et datées de 6.800 à 5.700 avant notre ère, sont construites selon un ordre précis de plan rectangulaire identique, elles sont groupées autour de cours. Ces maisons se jouxtant les unes les autres n'ont pas de fondations en pierre, et sont en pisé, à toit plat. elles ont chacune une vaste salle de séjour, un dépôt et une cuisine. Dans la pièce principale se trouve une banquette fixe courant le long du mur, un foyer et des fours.

Leur décoration murale, essentiellement des têtes de taureau consitue la plus grande caractéristique des maisons de Çatalhöyük. Ces décorations, qui sont en relation avec un culte, ne sont pas concentrées dans un seul édifice, mais dans une partie de la maison utilisée comme aire sacrée. Les têtes de taureau en haut relief ont quelquefois été travaillées en enduisant d'argile une véritable tête d'animal. Pour les peintures murales, les gens de Çatalhöyük ont utilisé, sur un enduit de pisé beige, du rouge, du rose, du marron, du blanc et du noir. On remarque des panneaux monochromes, des motifs géométriques mono-ou polychromes, des motifs symboliques tels que fleurs, étoiles, cercles, ainsi que d'autres figures variées. Parmi celles-ci: des mains, des déesses, des figures humaines, des scènes de chasse, des taureaux, oiseaux, vautours, léopards, cerfs, sangliers, lions, ours. Il y a encore des paysages et configurations architecturales, dont, détail important, la figuration de l'éruption d'un volcan en arrière-plan d'un paysage urbain, et la scène où des hommes chassent des vautours s'attaquant à des cadavres sans tête. La figure de la Désse-mère indique la présence d'un culte de la fécondité. Les déesses-mères de terre cuite ou de pierre sont soit des jeunes filles, des parturientes ou des vieilles femmes. La figure la plus originale est celle d'une femme accouchant, s'appuyant sur des léopards disposés de part et d'autre de son corps. Outre les statuettes et hautreliefs de déesses-mères, on trouve encore des statuettes votives de forme animale.

Les poteries néolithiques de Çatalhöyük sont en général marron, noir et rouge. Les céramiques, de forme surtout ovale, commencent à être ornées de motifs géométriques simples vers la fin du Néolithique.

Les nombreux bijoux retrouvés à Çatalhöyük, pierres, coquillages, ainsi que les miroirs d'obsidienne et les objets utilisés pour le maquillage indiquent l'intérêt des habitants pour la parure. Les pièces d'étoffe les plus anciennes connues au monde ont été retrouvées à Çatalhöyük. Ces étoffes, de laine, de poil de bête ou de fibres végétales, servaient à l'habillement, de même que les peaux de bête, comme le montrent les peintures murales.

Les sceaux de terre cuite et de pierre à motif géométriques sont l'indication de l'idée de propriété ao Néolithique. Le silex et l'obsidienne étaient utilisés pour la fabrication d'armes et de divers outils; l'os pour les alènes, aiguilles et manche d'outil. On remarquera un poignard à lame de silex et manche d'os, offrande funéraire. Le cuivre et le plomb sont travaillés de façon primitive et peu fréquente à Çatalhöyük, alors que les habitants de la ville commercent avec l'Anatolie et les contrées voisines.

Les gens de Çatalhöyük enterraient leurs morts dans leurs maisons. Les enfants sous le plancher, les plus âgés seuls ou groupés sous les banquettes. Des offrandes funéraires étaient disposées auprès du mort. Un autre important centre néolithique dont les découvertes sont exposées au Musée est Hacılar, à 25 km. au sud-ouest de Burdur. Des neuf couches déterminées lors des fouilles, les couches IX à VI appartien nent au Néolithique récent (5.700 - 5.600 avant notre ère). Les maisons de Hacılar sont construites en pisé sur fondations de pierre, et sont plus spacieuses que celles de Çatalhöyük. Les murs et le plafond sont en duits de chaux, et peints en rouge. D'après les poutres de bois soute nant le toit et les maches retrouvées dans certains constructions, il appert que celles-ci avaient deux étages. Les gens de Hacılar enterrent leurs morts hors de la ville, se différenciant ains ide ceux de Çatalhöyük. Les figure de déesses en argile que l'on retrouve dans presque toutes les maisons de Hacılar sont représentées soit assises, soit debout.

Les poteries bien cuites et polies de Hacılar sont rouge, marron ou jaune rougeâtre. Parmi celles-ci un récipient en forme de tête de femme, rouge et parfaitement poli, ainsi qu'une série de vases de cérémonie en forme d'animal (cerf, cochon, oiseau). Il fait que les habitants de Hacılar étaient agriculteurs est confirmé par la découverte de certains résidus végétaux, ainsi que par les fouilles faites de corne incrustée d'éclats de silex. Des pesons de terre cuite indiquent également la présence d'une activité de tissage à Hacılar.

24. Statuette de déesse mère. Terre cuite. Hauteur : 20 cm. Çatalhöyük. 5750 av. J.-C.. La déesse mère est représentée par une femme en train d'accoucher assise sur un trône flanqué de deux animaux sacrés.

25. Haut-relief de déesse mère. Enduit. Hauteur : 112 cm. Çatalhöyük.
Première moitié du VIème millénaire av. J.-C..

26. Haut relief à 4 personnages. Pierre. Hauteur : 11.6 cm. Çatalhöyük.
Première moitié du VIème millénaire av. J.-C..

27. Statuette de déesse. Pierre noire. Hauteur : 15.5 cm. Çatalhöyük.
Première moitié du VIème millénaire av. J.-C..

28. Statuette de déesses jumelles. Marbre. Hauteur: 17.2 cm. Çatalhöyük.
Première moitié du VIème millénaire av. J.-C..

29. Statuette de déesse au léopard. Calcaire. Hauteur : 11.8 cm. Çatalhöyük.
Première moitié du VIème millénaire av. J.-C..

30. Fragment de statuette de déesse. Terre cuite. Hauteur : 5.3 cm. Hacılar. Milieu du VIème millénaire av. J.-C..

31. Statuette de déesse mère à l'enfant. Terre cuite. Hauteur : 8.3 cm. Hacılar. Milieu du VIème millénaire av. J.-C..

32. Statuette de déesse. Terre cuite. Hauteur : 24 cm. Hacılar. Milieu du VIème millénaire av. J.-C..

33. Petite marmite et support pour le four. Terre cuite. Hauteurs : 8.5 et 7.9 cm. Çatalhöyük. VIème millénaire av. J.-C..

34. Récipient à 4 pieds. Terre cuite. Hauteur : 21.7 cm. Çatalhöyük. Première moitié du VIème millénaire av. J.-C..

35. Récipient en forme de tête de femme. Terre cuite. Hauteur : 11.1 cm. Hacılar. Milieu du VIème millénaire av. J.-C..

36. Récipient en forme de gazelle. Terre cuite. Hauteur : 13.6 cm. Hacılar. Milieu du VIème millénaire av. J.-C..

37. Récipient en forme de sanglier. Terre cuite. Hauteur : 26 cm. Hacılar. Milieu du VIème millénaire av. J.-C..

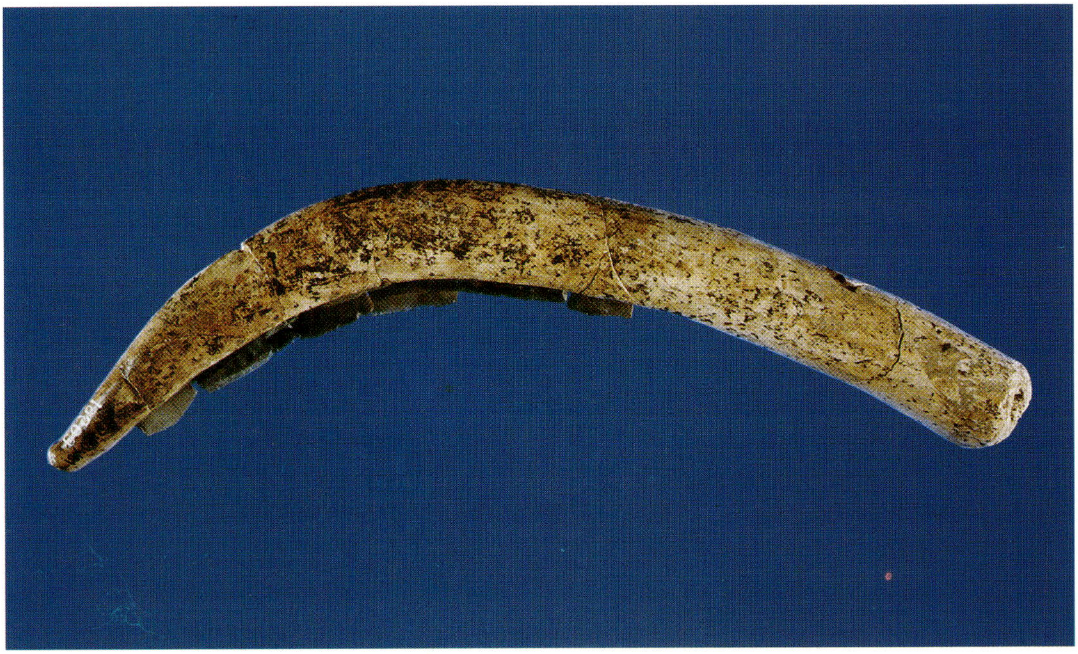

38. Faucille. Corne. Largeur : 27.8 cm. Hacılar. Milieu du VIème millénaire av. J.-C..

39. Boîte en bois et bijoux. Pierre et os. Çatalhöyük. Première moitié du VIème millénaire av. J.-C..

42. Parures de perles en os et de différentes pierres. Çatalhöyük. Première moitié du VIème millénaire av. J.-C..

40. Miroir. Obsidienne. Diamètre : 6.6 cm. Çatalhöyük. Première moitié du VIème millénaire av. J.-C..

41. Nécessaire à maquillage. Çatalhöyük. Première moitié du VIème millénaire av. J.-C..

43. Cérémonie funéraire à laquelle participent des prêtresses en costume de vautour (Reconstitution d'après les résultats des fouilles de Çatalhöyük).

44. Fresque de la chasse au taureau. Peinture sur enduit. Çatalhöyük. VIème millénaire av. J.-C..

45. Chasseur vêtu d'une peau de léopard. (Détail de la fresque de la chasse au cerf). Peinture sur enduit. Çatalhöyük. VIème millénaire av. J.-C..

46. Représentation du site de Çatalhöyük.

47. Fresques des vautours. Peinture sur enduit. Çatalhöyük. VIème millénaire av. J.-C..

48. Fresque d'un plan de la ville. Peinture

(Urs Landis)

Çatalhöyük. VIème millénaire av. J.-C..

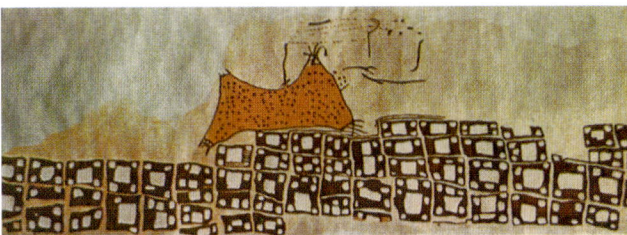

49. Le volcan de Hasan Dağı représenté derrière le plan de la ville de Çatalhöyük était l'une des sources principales de l'approvisionnement en obsidienne des populations.

50. Vestiges du temple de Çatalhöyük. Çatalhöyük se trouve à 52 km à l'est de Konya. C'est une des plus anciennes implantations humaines d'Anatolie.

51. Une vue des vestiges du temple de Çatalhöyük.

52. Une vue des vestiges du temple de Çatalhöyük.

3. Peinture murale représentant la chasse au cerf. Peinture sur enduit. Hauteur : 86 cm. Çatalhöyük. VIème millénaire av. J

54. Fresque aux deux léopards. Peinture sur enduit. Çatalhöyük. VIème millénaire av. J.-C..

55. Fresque à l'âne sauvage et aux oiseaux. Peinture sur enduit. Çatalhöyük. VIème millénaire av. J.-C..

56. Sceau-cachet. Terre cuite. Hauteur : 3.3 cm. Çatalhöyük.
Première moitié du VIème millénaire av. J.-C..

57. Bouche de ceinture. Hauteur : 5.2 cm. Çatalhöyük.
Première moitié du VIème millénaire av. J.-C..

58. Pointes de lances et de flèches. Obsidienne. Çatalhöyük. Première moitié du VIème millénaire av. J.-C..

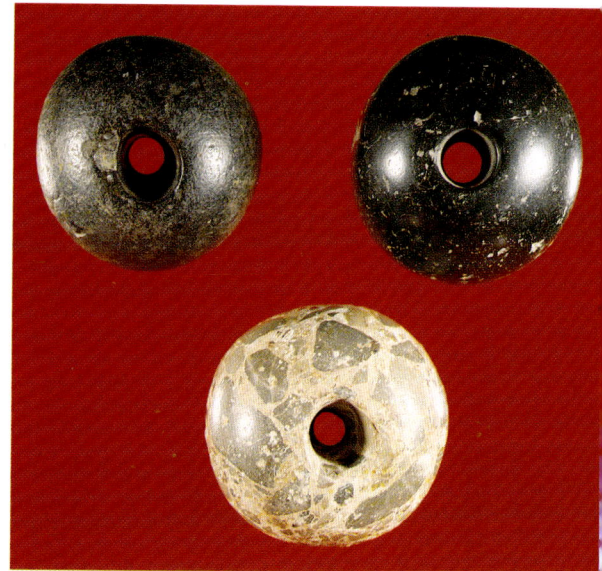

59. Têtes de masse. Pierre. Çatalhöyük. VIème millénaire av. J.-C..

60. Pointes de lances et de flèches. Obsidienne. Çatalhöyük. Première moitié du VIème millénaire av. J.-C..

61. Poignard à manche en os. Silex. Longueur : 19.5 et 10.3 cm. Çatalhöyük. Première moitié du VIème millénaire av. J.-C..

62. Vue du champ de fouilles de Canhasan. Important centre de peuplement du chalcolithique, Canhasan se trouve à 13 km au sud-est de Karaman au pied du Taurus. Des fouilles y ont été menées de 1962 à 1970.

CHALCOLITHIQUE
(ÂGE DU CUIVRE)

Le Chalcolithique, âge dénommé ainsi parce que l'on commence à utiliser le cuivre outre la pierre, est une continuation du Néolithique récent, comme l'indiquent les résulataats des foilles de Hacılar, Canhasan et Kuruçay, par exemple. Au Chalcolithique, comme au Néolithique, les caractéristiques régionales priment. Le Chalcolithique se divise en trois périodes: ancien, moyen et récent.

La plus évoluée des cultures du Chalcolithique ancien en Anatolie connues à ce jour est celle de Hacılar. Les maisons de cette localité à l'époque sont de plan carré ou rectangulaire, ont des fondations de pierre, des murs de pisé, et un toit plat. Avec ses rues étroites et son mur de fortification en pisé, et un toit plat. Avec ses rues étroites et son mur de fortification en pisé, Hacılar est une vraie ville. On pénètre dans les maisons se jouxtant par une porte s'ouvrant sur une vaste cour. Dans chaque maison se trouve un lieu de dévotion, un puits et un atelier de poterie.

Le caractère le plus évident de l'époque à Hacılar est l'utilisation de poteries peintes. On retrouve dans les couches V-I de Hacılar (5.400 - 4.750 avant notre ère), soit les couches datant du Chalcolithique ancien, un nombre croissant de poteries peintes et très décorées, outre une quantité de poteries monochromes polies et brillantes, très évoluées du point de vue de la technique et de la forme. Les poteries polychromes sont ornées de motifs brun rougeâtre sur fond crême ou jaune rosé. Il s'agit de cüoupes ovales, de pots sphériques, de gros vases, de bols carrés, de jarres et de cruches. Les déesses en terre cuite héritées du Néolithique sont pourla plupart figurées assises, et sont représentées plus schématiquement. Les objets en pierre, os et plus rarement en cuivre sont également héritiers de la même tradition.

A Canhasan, lieu de peuplement chalcolithique à 13 km. au nordouest de Karaman, dans le département de Konya, on a déterminé les trois périodes de cet âge (couches III-I). Canhasan, fondée sur la voie de jonction naturelle entre la plaine de Konya et celle de Çukurova, était un centre assurant la liasion commerciale et culturelle entre ces deux régions. On y trouve des maisons à plan rectangulaire et aux murs décorés de motifs géométriques ressemblant à celles de Hacılar. Les poteries de Canhasan ont des parois minces et sont crême ou poil de chameau. Outre les poteries monochromes, on remarque des poteries décorées de motifs rouge ou noir, voire d'incisions remplies d'une matière blanche. Parmi les objets de cuivre découverts à Canhasan, on note un bracelet, une tête de massue ou de sceptre, avec d'autres pièces.

Un des autres centres chalcolithiques d'Anatolie occidentale, à la période récente, est Beycesultan, où l'on a déterminé 40 couches de peuplement. Les couches XI-XX (4.000 - 3.000 avant notre ère) de l'endroit situé à 5 km. au sud-est de Çivril, dans le département de Denizli, appartiennet au Chalcolithique récent. Certains des constructions en pisé de Beycesultan rappellent le type de maison dit "à megaron". Les murs sont soutenus par des pilastres; les maisons ont des foyers, des banquettes fixes le long des murs, et des niches aux parois enduites qui servaient de dépôt à nourriture ou de silo à grain. Une découverte intéressante à Beycesultan a été celle d'un pot de terre contenant une bague d'argent, des outils de cuivre, un fragment de poignard et trois aiguilles de métal. La céramique du Chalcolithique récent est grise, noire ou marron, monochrome ou décorée de motifs géométriques blancs, ou incisés.

Les plus anciens centres de peuplement connus du nord de l'Anatolie centrale datent du Chalcolithique récent. Les objects découverts à Alişar et Alacahöyük, deux de ces centres, sont exposés au Musée. Les couches 19-12 M de Alişar, à 67 km. au sud-est de Yozgat et les couches 15-9 de Alacahöyük, dans le département de Çorum datent de cette période. Dans ces deux localités, on retrouve le même plan rectangulaire de maisons en pisé, et des poteries marron, noir et gris foncé. Les céramiques, monochromes sont quelquefois décorées d'incisions ou de motifs sculptés. Les formes de récipients sont pour la plupart des compotiers, des jarres et des gobelets.

Le Chalcolithique moyen d'Anatolie orientale est représenté au Musée par la collection de découvertes de Tilkitepe. Les fouilles de Tilkitepe, au sud-est du lac de Van, ont mis au jour des objets d'obsidienne, et des poteries peintes dites "céramique de Halaf".

Les traditions relatives à l'ensevelissement des morts varient de région en région en Anatolie au Chalcolithique. Les morts sont enterrés soit dans les villes, soit en dehors, soit dans des jarres, ou dans des sépultures de pierre en forme de coffre; en guise d'offrande funéraire, on met à côté d'eux des poteries, des bijoux et des armes.

En dépit d'un peuplement plus dense qu'auq époques précédentes, on ne peut pas encore parler en Anatolie d'une unité culturelle au Chalcolitique. L'Anatolie est; de par sa position géographique et topographique sous l'influence d'éléments extérieurs. L'Anatolie du nord-ouest est influencée par les cultures qui se développent dans les Balkans et dans les iles égéennes, l'Anatolie orientale et du sud-est par la Mésopotamie septentrionale, et la Çukurova par la Syrie du Nord.

63. Statuette de déesse mère peinte. Terre cuite. Hauteur : 8.8 cm. Hacılar.
2ème moitié du VIème millénaire av. J.-C.
(A été dérobée lors de l'exposition des civilisations anatoliennes à Vienne en Autriche en 1990).

64. Tête de figurine. Terre cuite. Hauteur : 4.4 cm. Hacılar. 2ème moitié du VIème millénaire av. J.-C..

65. Figurine d'homme. Terre cuite. Hauteur : 10 cm. Canhasan. Vème millénaire av. J.-C..

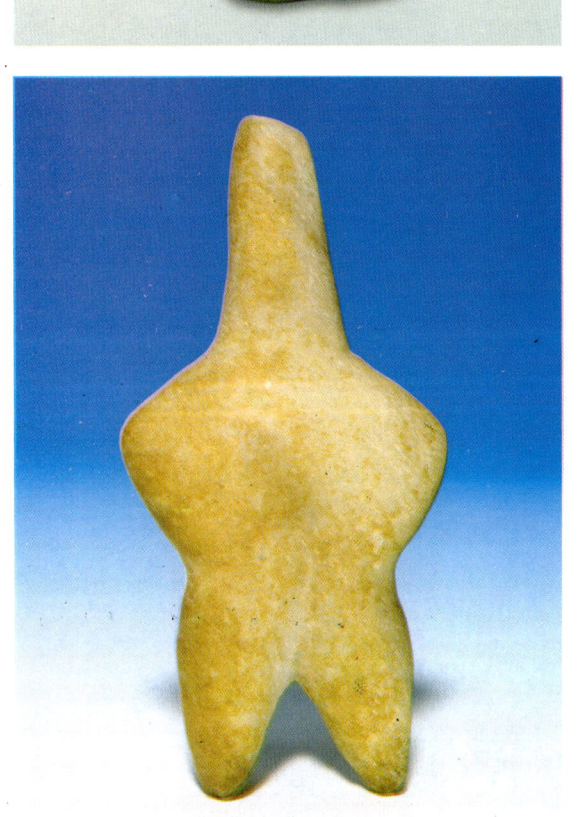

66. Figurine de femme. Marbre. Hauteur : 10 cm. Canhasan.
Deuxième moitié du Vème millénaire av. J.-C..

67. Statuette de déesse assise. Terre cuite. Hauteur : 32.5 cm. Canhasan. Première moitié du Vème millénaire av. J.-C..

68. Tête de figurine. Terre cuite. Hauteur : 8.7 cm. Canhasan. Deuxième moitié du Vème millénaire av. J.-C..

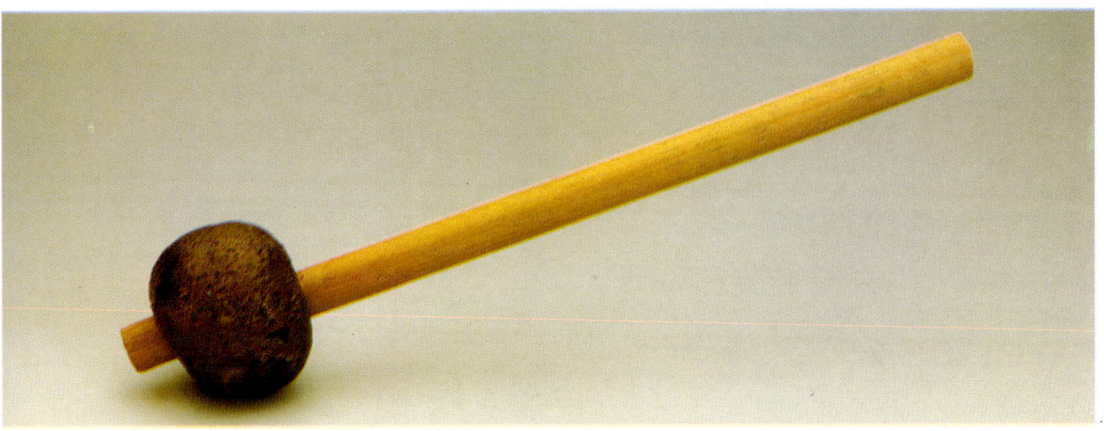

69. Tête de masse. Cuivre. Diamètre : 5.5 cm. Canhasan. Première moitié du Vème millénaire av. J.-C..

70. Récipient à anse peint. Terre cuite. Hauteur : 11.8 cm. Hacılar. Deuxième moitié du VIème millénaire avant J.C..

71. Jatte peinte. Terre cuite. Hauteur : 5.5 cm. Canhasan. Première moitié du Vème millénaire av. J.-C..

72. Récipient peint. Terre cuite. Hauteur : 11.2 cm. Hacılar. Deuxième moitié du VIème millénaire av. J.-C..

73. Vase peint. Terre cuite. Hauteur : 17 cm. Hacılar. Deuxième moitié du VIème millénaire av. J.-C..

74. Récipient peint. Terre cuite. Hauteur : 15.7 cm. Hacılar. Deuxième moitié du VIème millénaire av. J.-C..

75. Jarre peinte. Terre cuite. Hauteur : 51 cm. Canhasan.
Première moitié du VIème millénaire av. J.-C..

76. Récipient peint. Terre cuite. Hauteur : 26,5 cm. Canhasan.
Première moitié du VIème millénaire av. J.-C..

77. Vue aérienne d'Alacahöyük.

L'ÂGE DU BRONZE ANCIEN

L'Anatolie entre dans l'âge du bronze ancien fin du IV'ème début du IIIème millénaire. Les Anatoliens réussissent à allier le cuivre et l'étain, pour obtenir le bronze, et à faire de cet alliage des armes, des récipients et des bijoux ou objets décoratifs. Ils utilisent également le cuivre seul, l'or, l'argent, et l'électron, alliage d'or et d'argent, pour répondre à tous leurs besoins.

Les localités plus ou moins importantes dégagées par les fouilles sont toutes entouréesde fortifications. Les maisons de ces villes fortifiées sont serrées les unes contre les autres, et ont le type anatolien traditionnel fondations de pierre, murs de pisé, à plan rectangulaire ou trapézoidal, dotées de foyer, four et banquette fixe.

Les maisons "à megaron", demeure allongée à une pièce, de Beycesultan, dans la vallée du Haut-Menderes (Haut-Méandre), ont été utilisées durant des siècles, et ont été empruntées par l'Anatolie Centrale, cequi prouve les liens entre l'Egée et cette dernière région.

La transition entre le Chalcolithique supérieur et l'âge du bronze ancien s'est faite sans interruption. Les bourgades et villaes ont continué à se développer tout en utilisant leurs types architecturaux, leurs sceaux, leurs idoles et leurs traditions locales. Tout comme au Chalcolithique, les agriculteurs et éleveurs que sont les gens de l'âge du bronze ancien, ont découvert deux nouvelles occupations importantes, qu'ils développent et améliorent: le commerce, et la métallurgie. L'Existence d'un commerce est prouvée par la dispersion des oeuvres dans diverses régions. La métallurgie se perfectionne: or, argent, cuivre, bronze, électron, voire fer. Les métaux sont couléset moulés ou battus.

Les objets déposés dans les tombes comme offrande funéraire et les objets découverts dans les localités lors des fouilles témoignent du niveau remarquable atteint dès l'époque en Anatolie dans le domaine de l'art des métaux. La qualité et la quantité de ces objets indiquent que les gens de l'âge du bronze ancien ne se contentaient pas de produire leur nourriture, mais s'occupaient aussi d'art et de métallurgie à un stade noon négligeable. Les découverts de Alacahöyük, Horoztepe, Eskiyapar, Kültepe, Mahmatlar, Kayapınar et même Polatlı, montrent que la métallurgie est, en Anatolie Centrale et du nord-est, aussi importante que l'agriculture à l'époque. Le commerce des objets de métal devient de plus en plus important, et l'oh constate la création de grands ateliers de métallurgie en Anatolie orientale et du nord-est. Si la métallurgie ne s'était pas développée de cette façon en Anatolie, on comprendrait mal le commerce de l'époque des colonies assyriennes. Le style des statues de métal, dans leur schématisme et en tant que produit d'une compréhension intellectuelle, reflète à la fois le développement de la technique de l'art du métal, et le talent du peuple d'Anatolie. On peut conclure ainsi à l'existence d'une classe de mineurs-métallurgistes.

Un des lieux qui témoignent du niveau de la civilisation anatolienne à l'âge du bronze ancien est Alacahöyük. Les riches sépultures de Alacahöyük sont des cellules rectangulaires aux murs de pierre. Le mort, placé dans la position foetale, les genoux ramenés sous le menton, était disposé avec les offrandes au millieu de la tombe, et recouvert de planches de bois. Le tout était recouvert de terre tassée pour former un toit plat, et obtenir une "maison du mort". Les têtes et pattes des taureaux sacrifiés lors de la cérémonie funèbre étaient mis sur le tombeau. On sacrifiait également des moutons et des chèvres, ce qui semble être en relations avec un repas rituel. Le chien, considéré comme gardien de son maitre, était tenu en dehors du tombeau. Il appert que les tombes n'étaient pas temporaires, mais utilisées par les princes souverains de ces régions durant deux ou trois générations (fig.) Les offrandes funéraires sont pour la plupart des objects d'or, d'argent, d'électron et de bronze. Il y en a également en ambre, agathe, cristal de roche, fer et terre cuite. Les objets, mis dans les tombes, sont: des diadèmes (fig.), des colliers (fig.) des broches (fig.), des bracelets (fig.), des ornements de chevelure (fig), des boucles d'oreilles (fig), ainsi que des récipients (fig), des armes de bronze et d'or (fig); des courses solaires (fig.), cerfs (fig) et taureaux (fig.), de nature religieuse; des statuettes de déesses (fig.) et des sistres (fig.), tous objets d'art exceptionnels. Les découverts doe Horoztepe, non loin de Tokat, témoignent à la fois de la richesse des seigneurs de ce temps et du niveau atteint par la métallurgie dans les régions du nord. Ceci est confirmé à tous points de vue par les découvertes de Eskiyapar, Kayapınar et Mahmatlar. On trouve à peu près dans chaque loalité des copies en terre, pierre ou métaux moins précieux de certains récipients, idoles ou armes de métal.

Les fouilles de Eskiyapar ont révélé que ce genre d'oeuvre de valeur n'était pas seulement déposé dans les tombes en Anatolie centrale en guise d'offrande funéraire, mais aussi enfoui dans le sol des maisons (fig.)

Des pointes de javelot en bronze apparaissant pour la première fois à l'époque en Anatolie centrale et septentrionale. Certains types de hache ressemblent aux haches de Mésopotamie et Syrie. Il est possible de le constater jusqu'à Alacahöyük, Alişar, Mahmatlar, Horoztepe et Dündartepe. Les armes découvertes lors des fouilles à İkiztepe près de Samsun sont de nature à éclairer notre savoir sur l'art du métal à l'époque.

Les tombes de Alacahöyük et Horoztepe sont celles de rois Hatti, et les objets que s'y trouvaient des produits de la culture Hatti (population locale de l'époque).

Il est établi que les statuettes de bronze et de bronze orné d'électron et représentant des taureaux (fig.) ou des cerfs (fig.) les courses solaires (fig.) où sont représentés à la fois le soleil et ses rayons, les statuettes de taureaux et de cerfs au millieu de courses solaires (fig.), les courses solaires entourées de part et d'autre de cornes de taureau, les statuettes féminines représentant la Déesse-mère symbole de fécondité, la statuette de Horoztepe représentant une femme al laitant son enfant (fig.), la statuette de Hasanoğlan en électron, et dont la tête est plaquée or (fig.), ainsi que les sistres (fig.), sont de nature religieuse. Certains types et symboles de dieux (fig.) apparaissant dès cette époque. L'aigle perché sur les sistres sera un motif très souvent repris par la suite. Ces figures sont les produits des cultes solaire, du cerf et du taureau, et de la déesse-mère, que l'on retrouvera dans les colonies assyriennes et à l'époque hittite.

La poterie de l'âge du bronze ancien est monochrome et rarement décorée. Quand elle l'est, c'est en général de peinture rouge, ou foncée sur fond clair. Les motifs décoratifs peints ou façonnés sont toujours géométriques. Les types principaux de poterie sont les cruches et pots à bec verseur, les pots à ventre bombé, polis en noir, décorés de godrons ou les vases à deux anses, les cruches en forme de tête humaine (fig.). La raison pour laquelle la forme des récipients de terre cuite de l'âge du bronze ancien est si simple est l'accroissement du nombre de récipients en métal à l'époque. Les cruches à long bec verseur de la fin de l'époque, de même que les tasses à arrêtes et les vases imitées des cruches, tasses et vases en métal, se multiplient, et seront les premiers exemples des formes utilisées par la suite par les Hittites.

A l'âge du bronze, les civilisations d'Anatolie occidentale sont divisées en régions culturelles, selon les caractéristiques locales, comme c'est le cas dans l'ensemble de l'Anatolie. La géographie de l'endroit s'y prête. La culture des parties continentale de l'Anatolie occidentale est représentée au Musée par les découvertes de Beycesultan et des environs de Yortan.

L'Anatolie centrale établit des relations commerciales avec l'Anatolie occidentale vers la fin de l'âge du bronze ancien. Les récipients typiques de la région de Troie parviennent, via l'Anatolie centrale dans les centres importants sur la route du sud-est (Beycesultan - Polatlı - Karaoğlan (fig.) - Bozhöyük - Alişar - Kültepe - Gözlükule - Gedikli). La dispersion de ces objets est une indication précieuse sur la zone d'influence de la culture de Troie II. Les récipients décorés de visages humains stylisés, les poteries noires du type de Yortan, courantes en Anatolie occidentale à l'époque, arrivent jusqu'aux environs d'Ankara (fig.). A la fin de l'âge du bronze, on voit apparaitre en Anatolie centrale, à côté des céramiques monochromes faites à la main, des céramiques faites au tour. On voit également apparaitre le type de céramique peinte, faite à la main, dénommé "Alişar III", qui marque une période de transition. Les représentants de cette culture sont concentrés au sud de l'Anatolie centrale.

Les statuettes en forme de violon, faites en terre cuite (fig.), bronze, argent, en pierres diverses (fig.), sont les nouvelles représentations des déesses-mères, de l'âge de la pierre polie et du Chalcolithique.

A Kültepe a été découvert, avec des poteries peintes, un groupe d'oeuvres uniques en leur genre, datant de la fin de l'âge du bronze ancien au sud de l'Anatolie centrale. Il s'agit de statuettes d'albatre à corps circulaire, et portant de trois à quatre têtes sur de long cous. Certains corps sont ornés de cercles et de motifs géométriques évoquant la nudité, alors que d'autres sont décorés de motifs en relief avec figures de lion et d'homme. Ces statuettes dont le diamètre varie de cinq à trente centimètres représentent la déesse de la fécondité (fig.). on trouve à côté de ces idoles, des représentations très naturelles, toujours en albâtre, de femmes nues assises sur un trône et se tenant les seins. Il y en a de très réalistes, qui manifestent une évolution très rapide. Ces oeuvres de Kültepe éclairent à la fois le style anatolien et un stade dans l'évolution de l'historire de la religion. Les poteries de l'âge du bronze ancien, surtout les poteries peintes, datent toutes des deux derniers siècles du 3ème millénaire avant notre ère.

Les sceaux traditionnels en Anatolie depuis le Néolithique sont toujours utilisés à l'âge du bronze ancien (fig.). Il en est de terre cuite ou de pierre, et quelques rares exemples en métal. Ces sceaux sont de taille et de motifs plus réduits qu'aux époques précédentes. Les sceaux commencent à l'époque à être déposés parmi les offrandes funéraires dans les tombeaux. On retrouve leur impression dès le début de la période. Les sceaux de Ahlatlıbel, Karaoğlan et Karayavşan sont identiques. Les sceaux retrouvés en Anatolie méridionale manifestent une influence mésopotamienne.

Les pesons, contrepoids de métier à tisser et quenouilles généralement décorés (fig.) dont on a découvert de très nombreux exemplaires indiquent que le filage et le tissage sont particulièrement évolués en Anatolie à l'époque.

Les civilisations anatoliennes se développent avec leurs caractères locaux en Anatolie Orientale, centrale et occidentale. Les influences extérieures et leurs relations entre elles ne modifient pas ces caractèristiques locales. C'est d'ailleurs là une des spécificités de l'Anatolie que d'avoir conservé tout au long de l'histoire ces caractères locaux. L'Anatolie est désormais entièrement peuplée. La presqu ile tout entière est un centre culturel et artistique particulièrement brillant du Proche-Orient. Les plus riches oeuvres de l'âge du bronze ancien sont exposées dans notre Musée.

78. Vue de la fouille d'Alacahöyük et des tombes royales.

79. Fouille d'Alacahöyük, dessin de la tombe en forme de coffre (M. Akok).

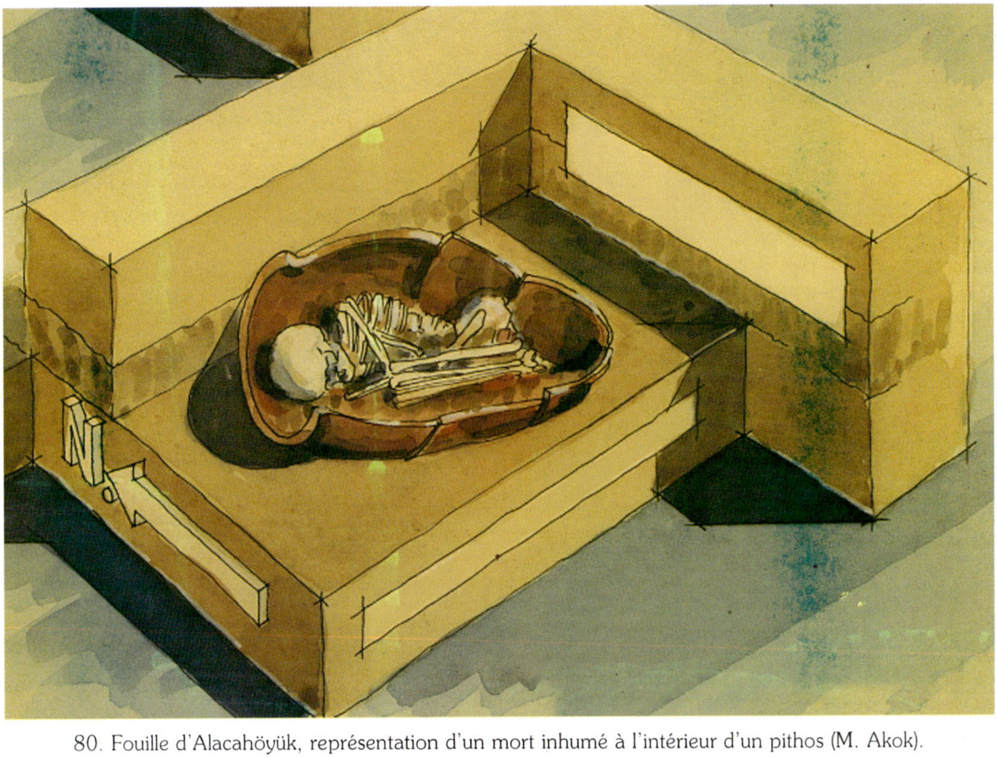

80. Fouille d'Alacahöyük, représentation d'un mort inhumé à l'intérieur d'un pithos (M. Akok).

81. Statuette de cerf. Bronze. Hauteur : 52,5 cm. Alacahöyük. Deuxième moitié du IIIème millénaire av. J.-C..

82. Statuette de taureau. Bronze. Hauteur : 37 cm. Alacahöyük. Deuxième moitié du IIIème millénaire av. J.-C.. Il est établi que parmi les objets cultuels les statuettes de cerf et de taureau représentent chacune des divinités. On considère que les cultes du taureau et du cerf qui ont pris dans les époques postérieures une grande importance tirent leur origine de cette période. Il est probable qu'on les utilisait sur un support dans les cérémonies comme symbole.

83. Alacahöyük. Représentation d'une cérémonie funéraire de l'âge du bronze ancien. La reine est inhumée avec ses bijoux et divers autres objets. Quant au roi, il est déposé sur un lit en bois qui a servi à le transporter pendant les funérailles.

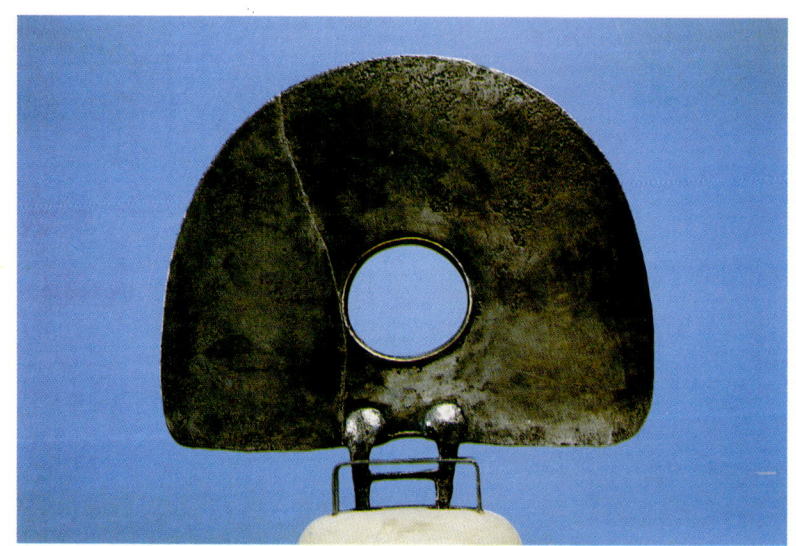

84. Symbole rituel. Argent. Hauteur : 23.4 cm. Alacahöyük. Deuxième moitié du IIIème millénaire av. J.-C..

85. Sistre. Bronze. Hauteur : 25.5 cm. Horoztepe. Fin du IIIème millénaire av. J.-C..

86. Symbole rituel. Bronze. Hauteur : 24 cm. Alacahöyük. Deuxième moitié du IIIème millénaire av. J.-C. Les symboles rituels (disques solaires) qui figurent parmi les plus belles offrandes funéraires en relation avec la religion sont souvent flanqués d'une paire de cornes de taureau. Leur nombre et leur variété laissent supposer que les morts étaient enterrés avec faste. Ces objets ont été coulés et martelés.

87. Symbole rituel. Bronze. Hauteur : 18 cm. Alacahöyük. Deuxième moitié du IIIème millénaire av. J.-C..

88. Symbole rituel. Bronze. Hauteur : 34 cm. Alacahöyük. Deuxième moitié du IIIème millénaire av. J.-C..

89. Symbole rituel. Bronze. Hauteur : 23 cm. Alacahöyük. Deuxième moitié du IIIème millénaire av. J.-C..

90. Symbole rituel. Bronze. Hauteur : 34 cm. Alacahöyük. Deuxième moitié du IIIème millénaire av. J.-C..

91. Statuette de femme (idole). Argent et or. Hauteur : 25 cm. Hasanoglan. (Ne provient pas des fouilles). Fin du IIIème millénaire av. J.-C.. Les exemplaires de statuettes féminines stylisées de cette époque qui représentent la déesse mère sont en terre cuite, ou en pierre et métal précieux. Les bretelles croisées que l'on retrouve sur d'autres statuettes de déesse mère anatolienne représentent probablement un élément de parure de la déesse.

92. Statuette de femme allaitant son enfant. Bronze. Hauteur : 21.5 cm. Horoztepe. Fin du IIIème millénaire av. J.-C..

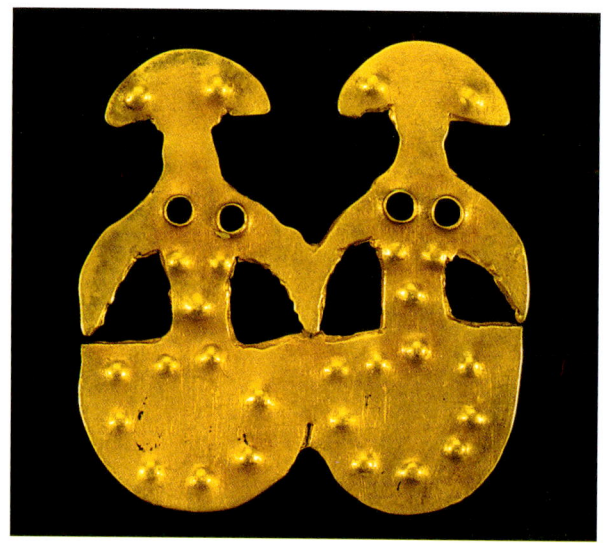

93. Idole double. Or. Hauteur : 4 cm. Alacahöyük. Deuxième moitié du IIIème millénaire av. J.-C..

94. Statuette féminine stylisée (idole) Argent. Hauteur : 16.6 cm. Alacahöyük. Deuxième moitié du IIIème millénaire av. J.-C..

95. Collier (reconstitué). Or et cristal de roche. Diamètre (disques) : 3 cm. Alacahöyük. Deuxième moitié du IIIème millénaire av. J.-C..

96. Diadème. Or.
    Diamètre : 19.2 cm.
    Alacahöyük. Deuxième moitié du IIIème millénaire av. J.-C..

97. Ornement de chevelure. Or.
    Diamètre : 3.5 cm.
    Alacahöyük.
    Deuxième moitié du IIIème millénaire av. J.-C..

98. Boucle de ceinture avec épingle. Or.
    Diamètre. Longueur : 15.2 cm.
    Alacahöyük. Deuxième moitié du IIIème millénaire av. J.-C..

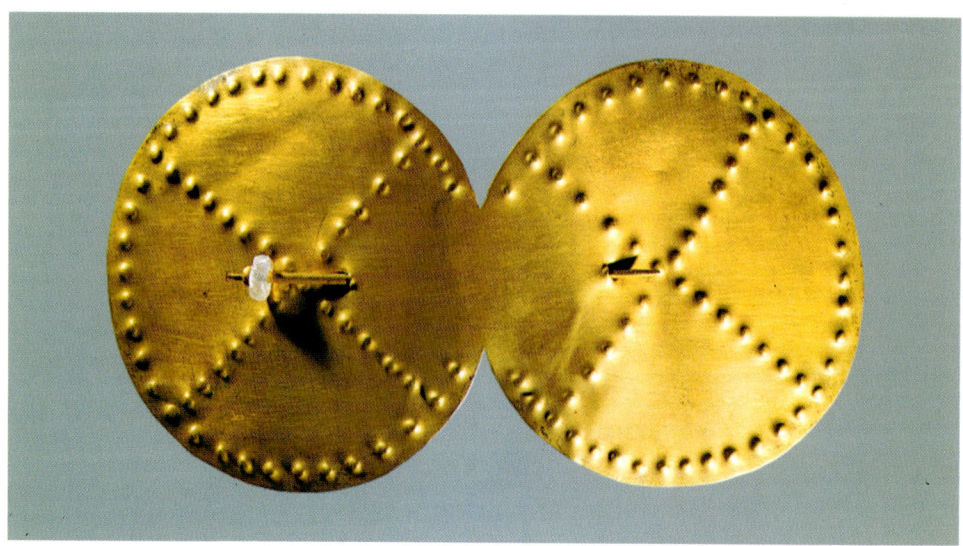

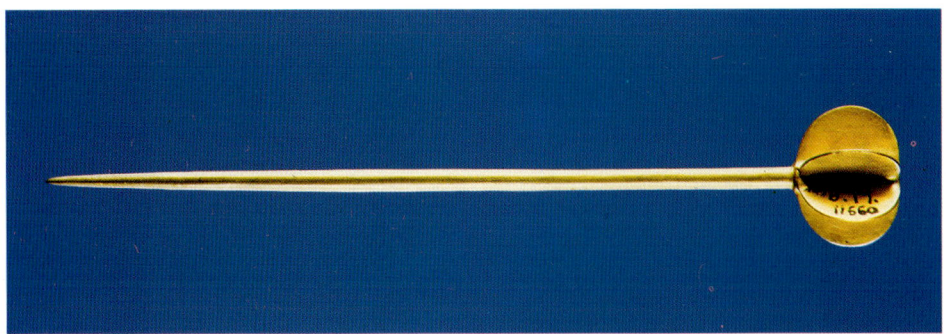

99. Epingle avec tête. Or. Longueur : 18.5 cm. Alacahöyük. Deuxième moitié du IIIème millénaire av. J.-C..

100. Bracelet. Or. Diamètre : 6.5 cm. Alacahöyük. Deuxième moitié du IIIème millénaire av. J.-C..

101. Diadème. Or. Longueur : 53 cm. Alacahöyük. Deuxième moitié du IIIème millénaire av. J.-C..

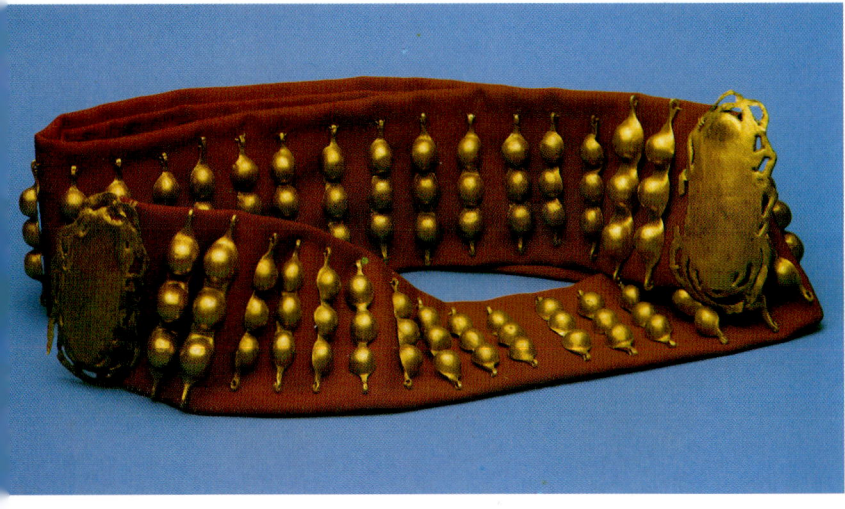

102. Eléments de ceinture. Or. Largeurs : 4.4 - 5.6 cm. Alacahöyük. Deuxième moitié du IIIème millénaire av. J.-C..

103. Collier (arrangement moderne). Or. Longueur : 34 cm. Eskiyapar.

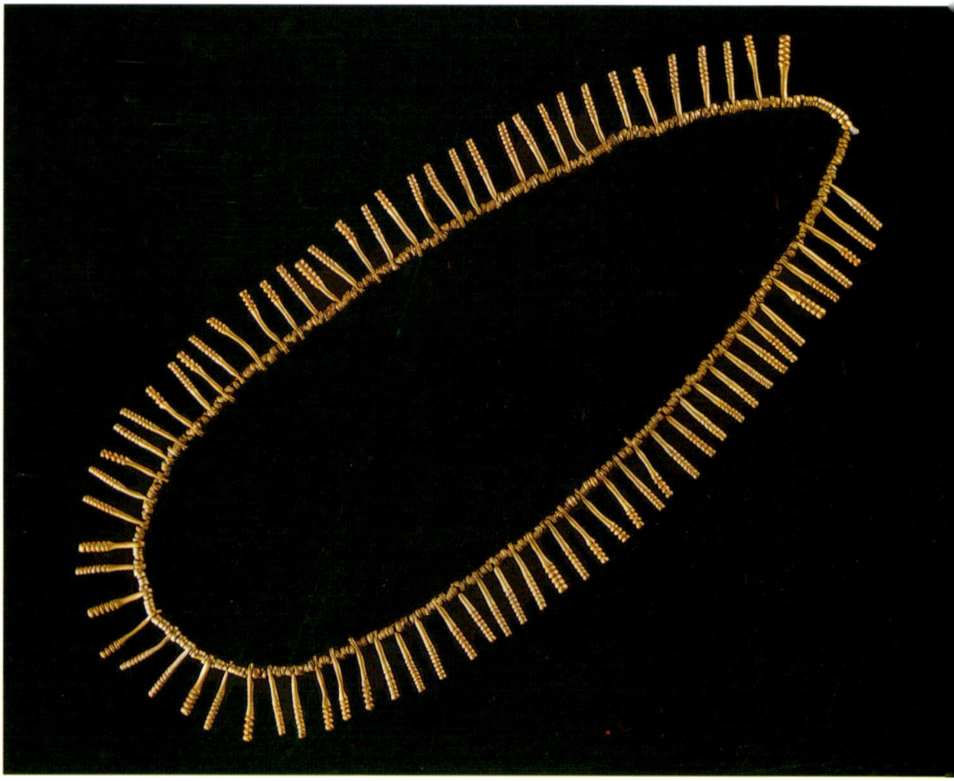

104. Collier (arrangement moderne). Or. Longueur : 46 cm. Eskiyapar.

105. Petit broc. Or. Hauteur : 14.3 cm. Alacahöyük.
Deuxième moitié du IIIème millénaire av. J.-C..

106. Récipient à col. Or. Hauteur : 5.7 cm. Alacahöyük.
Deuxième moitié du IIIème millénaire av. J.-C..

107. Coupe à anse. Or. Hauteur : 3.9 cm. Alacahöyük. Deuxième moitié du
IIIème millénaire av. J.-C..

108. Coupe. Or . Hauteur : 13.9 cm. Alacahöyük. Deuxième moitié du IIIème millénaire av. J.-C..

109. Coupe. Or. Hauteur : 12.5 cm. Alacahöyük. Deuxième moitié du IIIème millénaire av. J.-C..

110. Hache-marteau. Bronze et or. Longueur : 15.2 cm. Alacahöyük. Deuxième moitié du IIIème millénaire av. J.-C..

111. Poignard à manche. Or et fer. Longueur : 18.5 cm. Alacahöyük. Deuxième moitié du IIIème millénaire av. J.-C..

112. Poterie à figure humaine. Terre cuite. Hauteur : 28 cm. Karataş-Semayük. Milieu du IIIème millénaire av. J.-C. Les potiers d'Anatolie occidentale ont travaillé le motif de la déesse mère de différentes manières et ont ainsi assuré la survivance de l'ancienne tradition anatolienne. Les récipients en forme de figure féminine sont très répandus. Ils remontent au néolithique et au chalcolithique.

113. Pot. Terre cuite. Hauteur : 23 cm. Alacahöyük. Deuxième moitié du IIIème millénaire av. J.-C..

115. Cruche à bec verseur. Terre cuite. Hauteur : 20 cm. Environs d'Ankara. (Ne provient pas des fouilles). Début du IIIème millénaire av. J.-C..

114. Quadruple récipient. Terre cuite. Hauteur : 7.5 cm. Beycesultan. Début du IIIème millénaire av. J.-C..

117. Statuette féminine stylisée (idole). Argent.
Hauteur : 7 cm. Alacahöyük.
IIIème millénaire av. J.-C..

116. Récipient à deux anses. (Depas Amphikypellon).
Terre cuite. Hauteur : 22.2 cm. Karaoğlan. Milieu
du IIIème millénaire av. J.-C..

118. Statuette féminine stylisée (idole). Terre cuite.
Hauteur : 3.1 cm. Karaoğlan.
IIIème millénaire av. J.-C..

119. Statuette féminine stylisée (idole). Terre cuite. Hauteur : 6.4 cm. Etiyokusu. Milieu du IIIème millénaire av. J.-C..

120. Statuette féminine stylisée (idole). Terre cuite. Hauteur : 9.3 cm. Kalınkaya. (N'a pas été trouvée dans les fouilles). Fin du IIIème millénaire av. J.-C..

121. Idoles. Albâtre. Hauteur : 5.2 cm. Beycesultan et Kültepe. Début du IIIème millénaires av. J.-C..

122. Vues du champ de fouilles de Kültepe.

LES COLONIES MARCHANDES ASSYRIENNES
(1950 - 1750 avant J.-C.)

La période des colonies marchandes assyriennes marque en Anatolie le début de l'histoire, avec l'utilisation de l'écriture, et y ouvre l'âge du bronze moyen. Dès 1960 avant J. -C., l'Etat Assyrien ancien de Mésopotamie du nord avait établi un système commercial dévéloppé avec l'Anatolie, dont la plus grande partie était dominée par les citésroyaumes féodales des Hatti. Les Mésopotamiens, qui connaissaient la richesse de l'Anatolie depuis l'époque accadienne, commerçaient avec leurs voisins du nord, amenant avec eux leur langue, leur écriture cunéiforme et leurs cylindres-sceaux. L'Anatolie entre ains idans l'histoire en 1950 avant J.-C.. Les marchands assyriens se déplaçaient et transportaient leurs biens par des caravanes d'ânes. Ils empruntaient les voies Diyarbakır - Urfa - Maraş - Malatya, ou Adana - Taurus. Ils apportaient de l'étain, du poil de chèvre, des étoffes, du matériel de tissage, des objet décoratifs, des parfums, et emportaient de l'or et de l'argent. Ces négociants, qui ne se mêlaient en rien de politique, et n'avaient aucune visée militaire, payaient des loyers et des taxes, en l'échange desquels ils obtenaient des seigneurs anatoliens la protection de leurs magasins, de leurs biens et des routes. Les marchands s'installaient hors des murs des cités anatoliennes dans un quartier appelé "Karum". Il y en avait une vingtaine, dont le plus important était le Karum de Kaniş. Tous les karum d'Anatolie étaient rattachés à celui-ci, qui était lui-même rattaché à l'Assyrie.

Les marchands assyriens vivaient en bonne entente avec la population locale. Bon nombre de tablettes cunéiformes retrouvées dans les demeures des marchands assyriens sont exposées dans notre Musée. Ces tablettes sont presque toutes rectangulaires, rédigées en assyrien, les traits de l'écriture cunéiforme étant tracés au stylet sur de l'argile. Une fois l'enveloppe, également d'argile, terminée et cachetée, le tout était mis au four et cuit. Les textes de ces tablettes traitent pour la plupart de commerce et d'administration des centres commerciaux. Quelques uns sont des lettres privées des marchands.

Durant la période des colonies marchandes assyriennes, l'usage du tour en poterie se répand, l'écriture apparait en Anatolie, et les Hittites entrent en scène. La collection du musée représentant cette époque comprend notamment un poignard portant, en écriture cunéiforme, le nom due roi Anitta de Kaniş, ainsi que des représentations en ivoire (fig.), faience, plomb et terre cuite de la déesse de la fécondité, dont le nom hittite est Kubaba, Nous percevons dans ces oeuvres la naissance de l'art hittite. L'art de l'époque est une synthèse des traditions de l'âge du bronze ancien, de l'art hatti, du style mésopotamien, et des caractéristiques hittites. Ceci resort particulièrement des cylindres-sceau de l'époque retrouvés à Kültepe, Acemhöyük, Alişar et Boğazköy. Les figures des sceaux du "groupe anatolien" sont d'inspirations anatolienne.

Outre les sceaux, les statuettes, les figurines de dieux et familles de dieux en plomb moulé, et les vases rituels (bibru) représentent l'art de l'époque. Les costumes, armes, coiffures et caractéristiques des dieux de plomb sont à comparer à ceux des dieux hittites: on y retrouve les coiffures, les cornes, les armes, les ceintures et courtes jupes des dieux hittites. Les vases rituels sont en forme de lion, d'antilope, de porc, d'aigle, de chat, de chaussure ou d'escargot. Les poteries de l'époque gardent les formes de l'âge du bronze ancien: cruches à bec verseur (fig.), pots à bec verseur (fig.), compotier à anses (fig.) brillants et à l'aspect métallique. Les poteries polychromes sont à motifs géométriques noirs, marrons ou rouges sur fond crème.

Les objets de la période des colonies marchandes assyriennes exposés au Musée proviennent des fouilles de Kültepe (Kaniş et son Karum), Acemhöyük, Alişar et Boğazköy. Ces sites présentent par ailleurs de grandes similitudes tant dans le domaine de l'urbanisme que celui des objets qui y ont été découverts. Vous remarquerez encore des objets et bijoux d'or, des outils de bronze, des vases et statuettes d'ivoire, obsidienne ou cristal de roche retrouvés dans les tombes ou les maisons. Les objets en ivoire apparaissent en Anatolie à cette époque. Les plus beaux exemples en sont ceux découverts à Acemhöyük et Kültepe.

Le Musée expose également des impressions de sceaux (bulla) et des documents cunéiformes provenant des contrées voisines de l'Anatolie et contemporains de l'époque des colonies marchandes assyriennes.

123. Vue des jarres de stockage et du dépôt des fouilles de Kültepe.

124. Vue du champ de fouilles de Kültepe.

125. Représentation de l'arrivée des marchands assyriens avec leur caravane au Karum à Kültepe. L'on peut voir les murailles de la ville où vit le Prince de Kanish. Le bâtiment à droite doit être le siège de l'organisation commerciale. En haut à droite, on aperçoit le mont d'Erciyes, volcan aujourd'hui éteint.

126. Enveloppe fermée. Terre cuite. Hauteur : 11.1 cm. Kültepe. XIXème siècle av. J.-C..

127. Cylindre-sceau. Serpantin. Hauteur : 2.5 cm. Kültepe. Le premier quart du deuxième millénaire av. J.-C..

128. Tablette avec son enveloppe. Terre cuite. Hauteur de l'enveloppe : 16.2 cm.
Kültepe. XIXème siècle av. J.-C..

130. Vases à filtrer. Terre cuite. Hauteur : 14.5 cm. Külepe. XIXème siècle av. J.-C.:

129. Vase rituel à figures humaines. Terre cuite. Hauteur : 15.5 cm. Külepe. XIXème siècle av. J.-C.. Les vases à piédestal, monochromes ou ornés de motifs peints, présentent une grande richesse de formes. Ce vase rituel à figures humaines et à anses en forme de cornes montre la continuité au deuxième millénaire av. J.-C. d'une tradition de vases à visages humains datant de l'âge du bronze ancien en Anatolie.

131. Cruche à ouverture trilobée. Terre cuite. Hauteur : 32.5 cm. Külepe. XIXème siècle av. J.-C..

132. Cruche à bec verseur. Terre cuite.
Hauteur : 16.2 cm. Kültepe.
XIXème siècle av. J.-C..

133. Cruche à bec verseur. Terre cuite.
Hauteur : 19.2 cm. Kültepe.
XIXème siècle av. J.-C..

134. Cruche à bec verseur. Terre cuite.
Hauteur : 16 cm. Kültepe.
XIXème siècle av. J.-C..

135. Cruche à bec et à couvercle. Terre cuite.
Hauteur : 29.5 cm. Kültepe. XVIIIème siècle av. J.-C.

136. Cruche à bec verseur. Terre cuite. Hauteur : 44 cm.
Kültepe. XVIIIème siècle av. J.-C.

137. Cruche à bec. Terre cuite. Hauteur : 20 cm. Kültepe.
XVIIIème siècle av. J.-C..

138. Vase à décor en relief. Terre cuite. Hauteur : 42 cm. Kültepe. XVIIIème siècle av. J.-C..

139. Coupe à pied. Terre cuite. Hauteur : 21.7 cm. Kültepe. XIXème siècle av. J.-C..

140. Vase avec verseur. Terre cuite. Hauteur : 16 cm. Kültepe. XIXème siècle av. J.-C..

141. Coupe à haut pied. Terre cuite.
Hauteur : 27.5 cm. Kültepe.
XVIIIème siècle av. J.-C..

142. Vase à bec verseur en forme d'animal. Terre cuite.
Hauteur : 23 cm. Kültepe. XVIIIème siècle av. J.-C..

143. Cruche à bec verseur. Terre cuite.
Hauteur : 26 cm. Kültepe.
XVIIIème siècle av. J.-C..

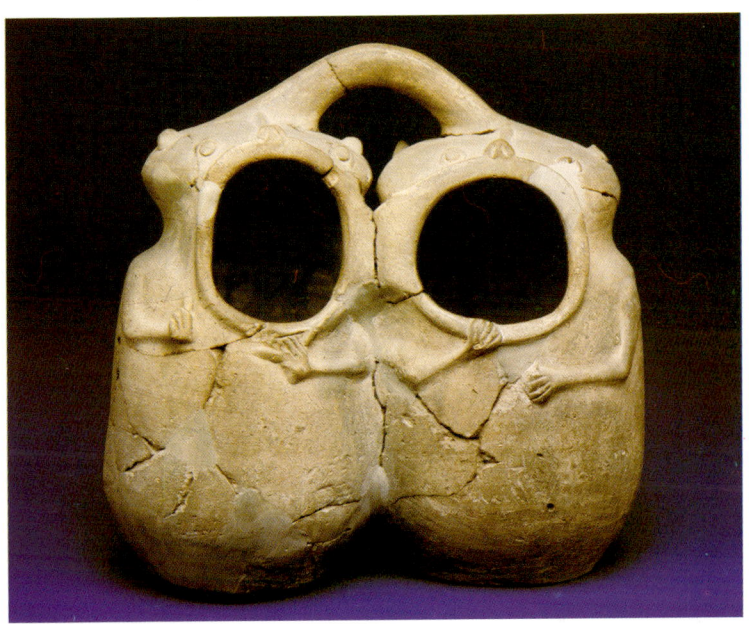

144. Vase double anthropomorphe.
Terre cuite.
Hauteur : 31.5 cm. Kültepe.
XIXème siècle av. J.-C..

145. Vase orné de têtes de taureaux en relief.
Terre cuite. Hauteur : 62 cm. Kültepe.
XVIIIème siècle av. J.-C..

146. Tasse à une anse. Terre cuite. Hauteur : 9.3 cm.
Kültepe. XVIIIème siècle av. J.-C..

147. Vase rituel en forme de bateau. Terre cuite. Longueur : 24 cm. Kültepe. XIXème siècle av. J.-C..

148. Vase rituel en forme de bateau. Terre cuite. Longueur : 18.8 cm. Kültepe. XIXème siècle av. J.-C..

149. Vase rituel en forme de bateau. Terre cuite. Longueur : 18 cm. Kültepe. XIXème siècle av. J.-C..

150. Cruche à bec verseur sur un trépied. Terre cuite. Hauteur du récipient : 12.4 cm, hauteur du trépied : 17 cm. Kültepe. XIXème siècle av. J.-C. L'usage du tour de potier se répand et les nouvelles formes de poterie se développent remarquablement en Anatolie. Certains récipients portent des empreintes de sceaux.

151. Coupe à haute pied (compotier). Terre cuite. Hauteur : 42.5 cm. Kültepe. XIXème siècle av. J.-C..

152. Baignoire. Terre cuite. Hauteur : 86 cm. Kültepe. XVIIIème siècle av. J.-C. Cette baignoire faite à la main et polie possède à l'intérieur deux sièges avec trou d'évacuation.

153. Vase à libation en forme de cochon. Terre cuite. Hauteur : 14.8 cm. Kültepe.
XIXème siècle av. J.-C..

154. Vase à libation en forme de lion. Terre cuite. Hauteur : 12.5 cm. Kültepe.
XIXème siècle av. J.-C..

155. Vase à libation en forme de cochon. Terre cuite. Kültepe. XIXème siècle av. J.-C..

156. Vase à libation en forme de cochon. Terre cuite. Hauteur : 8.5 cm. Kültepe. XVIIIème siècle av. J.-C..

157. Vase à libation en forme de lion. Terre cuite. Hauteur : 19.5 cm. Kültepe.
XIXème siècle av. J.-C..

158. Vase à libation en forme de chien. Terre cuite. Hauteur : 9 cm. Kültepe. XIXème siècle av. J.-C..

159. Vase à libation en forme d'antilope. Terre cuite. Hauteur : 19 cm. Kültepe. XIXème siècle av. J.-C..

160. Vase à libation en forme d'aigle. Terre cuite. Hauteur : 15.5 cm. Kültepe. XIXème siècle av. J.-C..

161. Vase à libation en forme d'aigle. Terre cuite. Hauteur : 12.5 cm. Kültepe. XIXème siècle av. J.-C..

162. Vase à libation en forme de tête de lièvre.
Terre cuite. Hauteur : 10.5 cm.
Kültepe. XIXème siècle av. J.-C..

163. Vases à libation en forme de chaussure.
Terre cuite. Hauteurs : 8 et 8.2 cm.
Kültepe. XIXème siècle av. J.-C..

164. Vase à libation. Terre cuite.
Hauteur : 6.4 cm. Kültepe.
XIXème siècle av. J.-C..

165. Vase à libation en forme d'aigle. Terre cuite. Hauteur : 20.7 cm. Kültepe. XIXème siècle av. J.-C..

166. Vase à deux anses muni d'un bec verseur.
Terre cuite. Hauteur : 16 cm.
Acemhöyük. XIXème siècle av. J.-C..

167. Vase à libation en forme de tête d'aigle. Terre cuite.
Hauteur : 13.1 cm. Kültepe. XIXème siècle av. J.-C..

168. Plat et son socle. Pierre. Hauteur : 6.5 cm.
Acemhöyük. XVIIIème siècle av. J.-C..

169. Vase à libation. Terre cuite. Hauteur : 15.6 cm.
Kültepe. XIXème siècle av. J.-C..

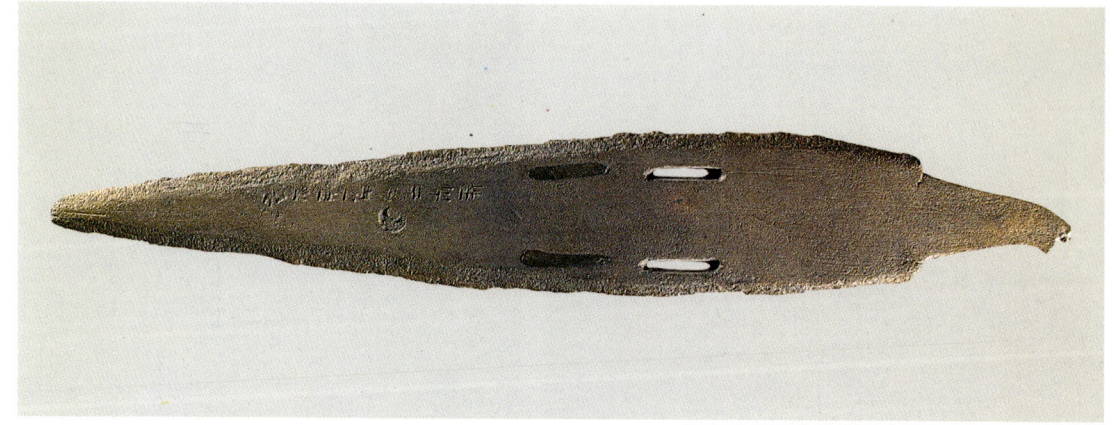

170. Poignard du Roi Anitta. Bronze. Longueur : 29 cm. Kültepe. XVIIIème siècle av. J.-C..

171. Bobine. Bronze. Hauteur : 10.8 cm. Kültepe. XVIIIème siècle av. J.-C..

172. Bobine. Bronze. Hauteur : 8.8 cm. Kültepe. XVIIIème siècle av. J.-C..

173. Statuette de dieu. Plomb. Hauteur : 6.5 cm. Kültepe. XVIIIème siècle av. J.-C..

175. Statuette de femme nue. Ivoire. Hauteur : 9.3 cm. Kültepe. XVIIIème siècle av. J.-C..

174. Moule de statuette. Stéatit. Hauteur : 6.2 cm. Kültepe. XVIIIème siècle av. J.-C..

176. Vase. Cristal de roche. Hauteur : 16.3 cm. Acemhöyük. XIXème siècle av. J.-C..

178. Vase à boire en forme de compotier avec un verseur en forme de tête de taurreau. Terre cuite. Hauteur : 46 cm. Kültepe. XIXème siècle av. J.-C.

177. Fragment de vase. Obsidienne. Hauteur : 16.7 cm. Acemhöyük. XIXème siècle av. J.-C..

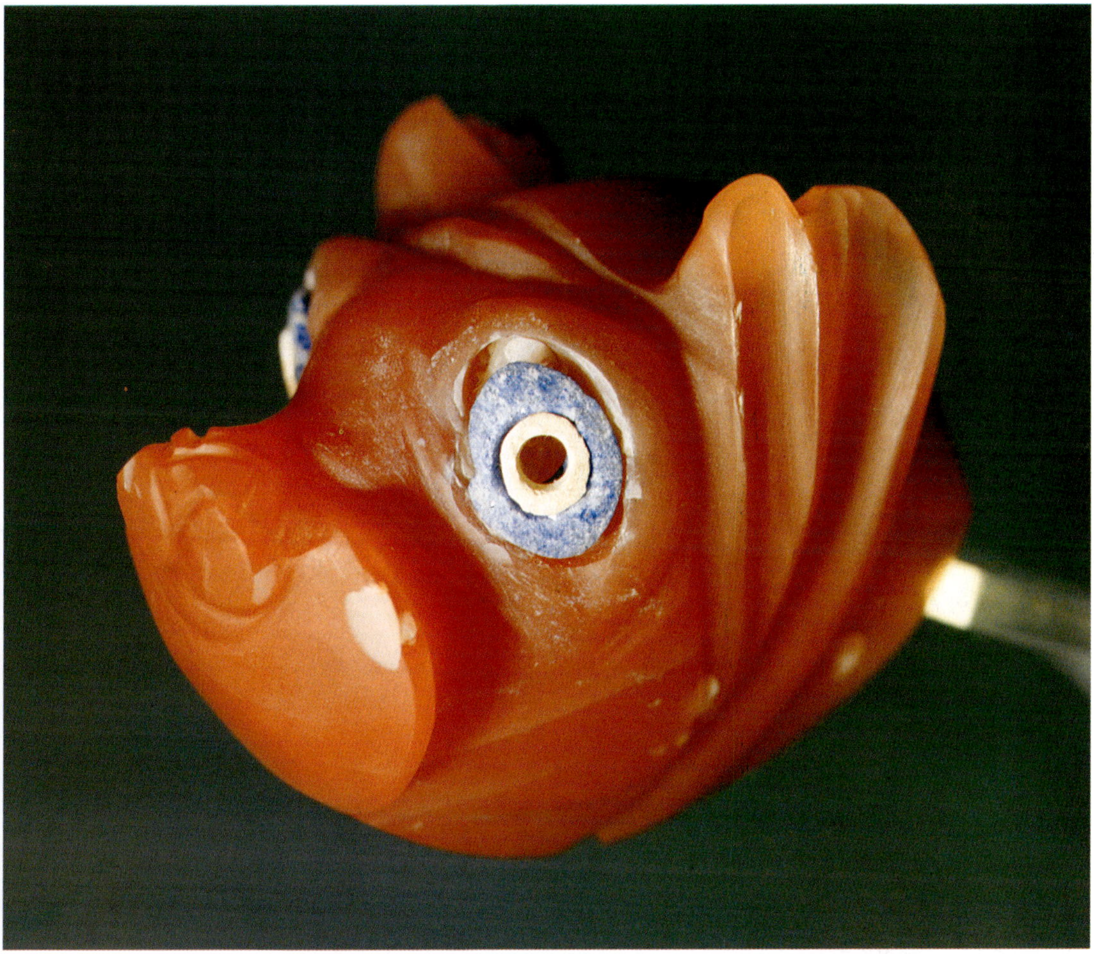

179. Tête de cochon. Cornaline. Hauteur : 4.1 cm. Kültepe. XVIIIème siècle av. J.-C..

180. Sceau-cachet. Or. Diamètre : 1 cm. Kültepe. XVIIIème siècle av. J.-C..

181. Boğazköy, ville haute. Citadelle (Büyükkale). Porte des lions.

182. Boğazköy, ville basse. Vue du grand temple

PERIODE HITTITE ANCIEN ET EMPIRE HITTITE
(1750-1200 avant J.-C.)

Les documents écrits nous apprennent que le roi Anitta, fils de Pithana, entreprit vers la fin de la période des colonies marchandes assyriennes d'unir les cités-royaumes hittites d'Anatolie, fondant le premier Etat à administration centrale d'Anatolie.

Peu après le départ des derniers marchands assyriens, Hattushil Ier déplaça la capitale de Nesha (Kaniş) à Hattusha (Boğazköy). L'art de l'époque, dit du Royaume hittite ancien, est en grande partie lié à la tradition Anatolienne. On en retrouve des exemples à Boğazköy, Alacahöyük, Eskiyapar, İnandık et Maşathöyük. La céramique maintient, pour la technique et la forme, la tradition mise au point à l'époque des colonies marchandes assyriennes. Les vases rituels (rhyton) de l'époque sont de dimensions plus importantes que précédemment, comme on le voit pour les taureaux de Boğazköy et İnandık (fig.)

Les vases à décor en relief que l'on rencontre à l'époque des colonies marchandes assyriennes se retrouvent à la période hittite ancienne à Eskiyapar, İnandık et Bitik, pour les plus beaux exemples. Les vase d'İnandık, où les motifs en relief forment une frise, offre un exemple typique du décor innové à la période hittite ancienne. Parmi les pièces les plus caractéristiques de l'époue, citons: les très grands vases-bain, les gourdes (fig.), les récipients à filtre (fig.), les kantharos (fig.), les vases de culte à figure de déesse (fig.).

Pour l'art du métal, on remarque deux pièces de collier d'or en forme de déesse assise retrouvées à Boğazköy, et une statuette de bronze découverte à Dövlek. A l'époque hittite ancienne, les statuettes de bronze représentent toutes des dieux, elles étaient conservées dans les temples, et les textes nous apprennent qu'elles étaient protectrices.

Le Royaume hittite ancien, affaibli par des querelles politiques internes, se renforce sous la règne de Shuppiluliuma Ier dans la deuxième moitié du IIème millénaire avant notre ère, et se mue en empire, formant avec l'egypte et le royaume de Babylone, la troisième puissance politique de l'Asie antérieure.

Les oeuvres d'art hittite, qui ont atteint leur plus haut niveau sous l'Empire hittite, ont été retrouvées non seulement dans la région centrale de l'Empire, mais dans toutes les villes sous hégémonie hittite, ou même seulement influencées par sa puissance politique. Une bonne partie de ces oeuvres provient de Hattusha / Boğazköy, la capitale, Alacahöyük, Eskiyapar, İnandık, et des autres villes anatoliennes sous influence hittite. Que les oeuvres soient hittites est prouvé tant par la chronologie établie par les fouilles, que par leur ressemblance entre elles, et les définitions données par les textes hittites.

De 1400 à 1200 avant J. - C., de l'avènement à l'affaiblissement de l'Empire hittite, l'art hittite produit des oeuvres que l'on peut qualifier de purement hittites.

Les thèmes traités par l'art hittite, la religion et la royauté s'annoncent dès la fin de la période des colonies marchandes assyriennes et perdurent jusqu'en 1200 avant J. -C.. L'art hittite est en effet essentiellement un art religieux et royal, où les scènes de la vie quotidienne, quand elles sont représentées, le sont dans le cadre de cérémonies religieuses.

Les temples hittites de Boğazköy offrent des caractéristiques communes en matière de plan et de technique. Ils ont tous une cour entourée de portiques et de pièces. La statue du dieu se trouve dans la cella, la chambre sacrée. Le temple hittite, avec son nombreux personnel, est toute une organisation. Les murailles entourant la ville sont percées de portes ornées de sphynx, de dieux et de lions. La porte royale a pour insigne le dieu de la guerre (fig.) quasi en haut relief. Les documents écrits de l'époque signalent que les hittites font de grandes statues.

Parmi les oeuvres de pierre hittites, on remarque surtout des orthostates (rangées de pierres dressées), et notamment les orthostates de Alacahöyük. Les autres oeuvres de pierre, traitant toutes de sujets religieux, sont exposées dans la salle centrale du Musée.

Les statuettes et reliefs d'or, ivoire, bronze et pierre sont travaillés dans le même style. Les rieux anthropomorphes, ont de grands yeux en amande, les sourcils froncés, de grand nez busqués et les lèvres souriantes. Une caractéristique du travail hittite du relief est la représentation de la tête et des pieds de profil, et du corps de face.

Les sceaux de l'époque hittite ancienne sont toujours utilisés, et l'on voit apparaitre des bagues-sceaux et des boutons-sceaux. Les figures de ces sceaux sont de plus en plus raffinées. La présence sur certains sceaux d'hiéroglyphes en même temps que de traits cunéiformes a aidé au déchiffrement des hiéroglyphes en même temps que de traits cunéiformes a aidé au déchiffrement des hiéroglyphes.

On observe dans la domaine de la poterie une régression technique sous l'Empire, de même qu'un appauvrissement des formes. Seuls les récipients à fonction culturelle sont roignés, comme par exemple les deux taureaux du dieu de la Tempête (fig.), et un récipient représentant la cella (fig.)

Un des documents écrits retrouvés à Boğazköy est le Traité de Kadesh, le premier traité écrit connu de l'histoire de l'Anatolie, conclu entre les Hittites et les Egyptiens après la bataille de Kadesh. L'original de ce traité a été écrit en cunéiforme sur une tablette d'argent. On en a retrouvé des fragments sur tablette d'argile brisée. Une des pièces importantes du musée est une tablette de bronze de 23.5 cm x 34.5 cm concernant un aménagement de frontières. Il s'agit de la seule tablette de bronze découverte à ce jour.

183. Vase à libation en forme de tête de taureau. Terre cuite. Hauteur : 14.5 cm. Kültepe. XVIIIème-XVIIème siècles av. J.-C..

184. Vase à libation en forme de tête de taureau. Terre cuite. Hauteur : 14.5 cm. Kültepe. XVIIIème-XVIIème siècles av. J.-C..

185. Vase à libation. Terre cuite. Hauteur : 13.1 cm. Beycesultan, XVIIIème-XVIIème siècles av. J.-C..

187. Vase à libation. Terre cuite.
Hauteur : 8.9 cm. Alişar.
XVIIème-XVIème siècles av. J.-C..

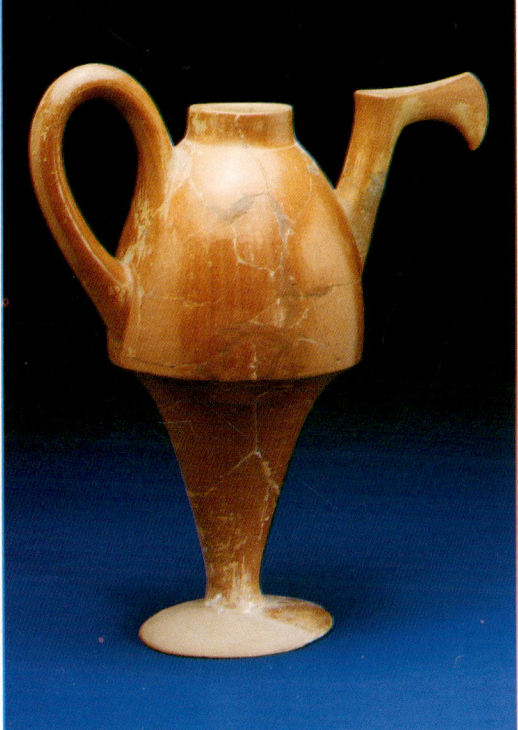

186. Vase à haut pied et bec verseur. Terre cuite.
Hauteur : 32 cm. Alacahöyük.
XVIIème-XVIème siècles av. J.-C..

188. Vase à libation en forme de tête de taureau.
Terre cuite. Hauteur : 7.7 cm. Alacahöyük.
XVIIème-XVIème siècle av. J.-C..

189. Vase rituel en forme de taureau. Terre cuite.
Hauteur : 31.4 cm. İnandık.
XVIIème-XVIème siècles av. J.-C..

191. Cruche à bec verseur. Terre cuite.
Hauteur : 51 cm. İnandık.
XVIIème-XVIème siècle av. J.-C..

190. Divinité assise dans une niche. Terre cuite.
Hauteur : 16.3 cm. İnandık.
XVIIème-XVIème siècles av. J.-C..

192. Vase à reliefs. Terre cuite. Hauteur : 82 cm. İnandık. Milieu du XVIIème siècle av. J.-C..

193. Vase muni d'un filtre. Terre cuite. Hauteur : 22.7 cm. İnandık. XVIIème siècle av. J.-C..

194. Canthare. Terre cuite. Hauteur : 33.4 cm. İnandık. XVIIème siècle av. J.-C..

195. Vase à une seule anse à l'intérieur duquel est symbolisé une aire sacrée. Terre cuite. Hauteur : 8.4 cm. Eskiyapar. XVIIème-XVIème siècles av. J.-C..

196. Gourde de pélerin. Terre cuite. Hauteur : 42 cm. Eskiyapar. XVIIIème siècle av. J.-C..

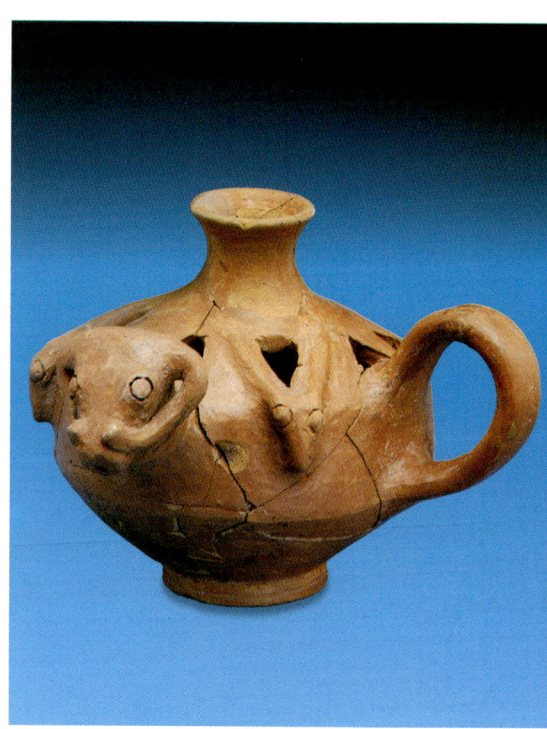

198. Vase avec décor en relief en forme de tête de belier. Terre cuite. Hauteur : 12.3 cm. Eskiyapar. XVIIIème siècle av. J.-C..

197. Vase à bec verseur. Terre cuite. Hauteur : 15.8 cm. Eskiyapar. XVIIIème siècle av. J.-C..

199. Cruche à une anse. terre cuite. Hauteur : 29 cm.
Eskiyapar. XVIIIème siècle av. J.-C..

200. Cruche à bec verseur. Terre cuite. Hauteur : 45 cm.
Eskiyapar. XVIIIème siècle av. J.-C..

201. Vase en forme de canard bicéphale. Terre cuite.
Hauteur : 20.2 cm. Boğazköy.
XIVème siècle av. J.-C..

203. Vase rituel en forme de tour. Terre cuite.
Hauteur : 32.5 cm. Boğazköy.
XVIIIème siècle av. J.-C..

202. Jarre à bec verseur. Terre cuite. Hauteur : 135 cm.
Boğazköy XVIIème-XVIème siècles av. J.-C..

104. Récipients en forme de taureau. Terre cuite. Hauteur : 90 cm. Boğazköy. XVIème siècle av. J.-C.. Les poteries destinées au culte sont fabriquées avec un soin particulier. Les vases à libation en sont les meilleurs exemples. Les vases des deux taureaux symbolisant le dieu de l'orage sont dans ce groupe des oeuvres très originales.

205. Gourde de pèlerin. Terre cuite. Hauteur : 49 cm. İnandık. IIème millénaire av. J.-C..

207. Bord de récipient en forme de tour. Terre cuite. Hauteur : 12 cm. Boğazköy. XIVème siècle av. J.-C

206. Vase annulaire. Terre cuite. Hauteur : 30 cm. Boğazköy XVIème siècle av. J.-C..

208. Vase en forme de grappe de raisin. Terre cuite. Hauteur : 14 cm. Boğazköy. XVIIIème siècle av. J.-C..

209. Tête de taureau . Terre cuite. Hauteur (tête-machoire) : 15.8 cm. Tokat. XVIIème-XVIème siècles av. J.-C..

210. Tablette. Terre cuite. Hauteur : 9,9 cm. Boğazköy. XIIIème siècle av. J.-C.. Lettre amicale adressée à Puduhepa, épouse du souverain hittite Hattusili III, par Naptera, épouse du pharaon d'Egypte Ramsès II.

211. Empreinte du sceau de Urhi-Teshup. Terre cuite. Hauteur : 3.9 cm. Boğazköy. XIIIème siècle av. J.-C..

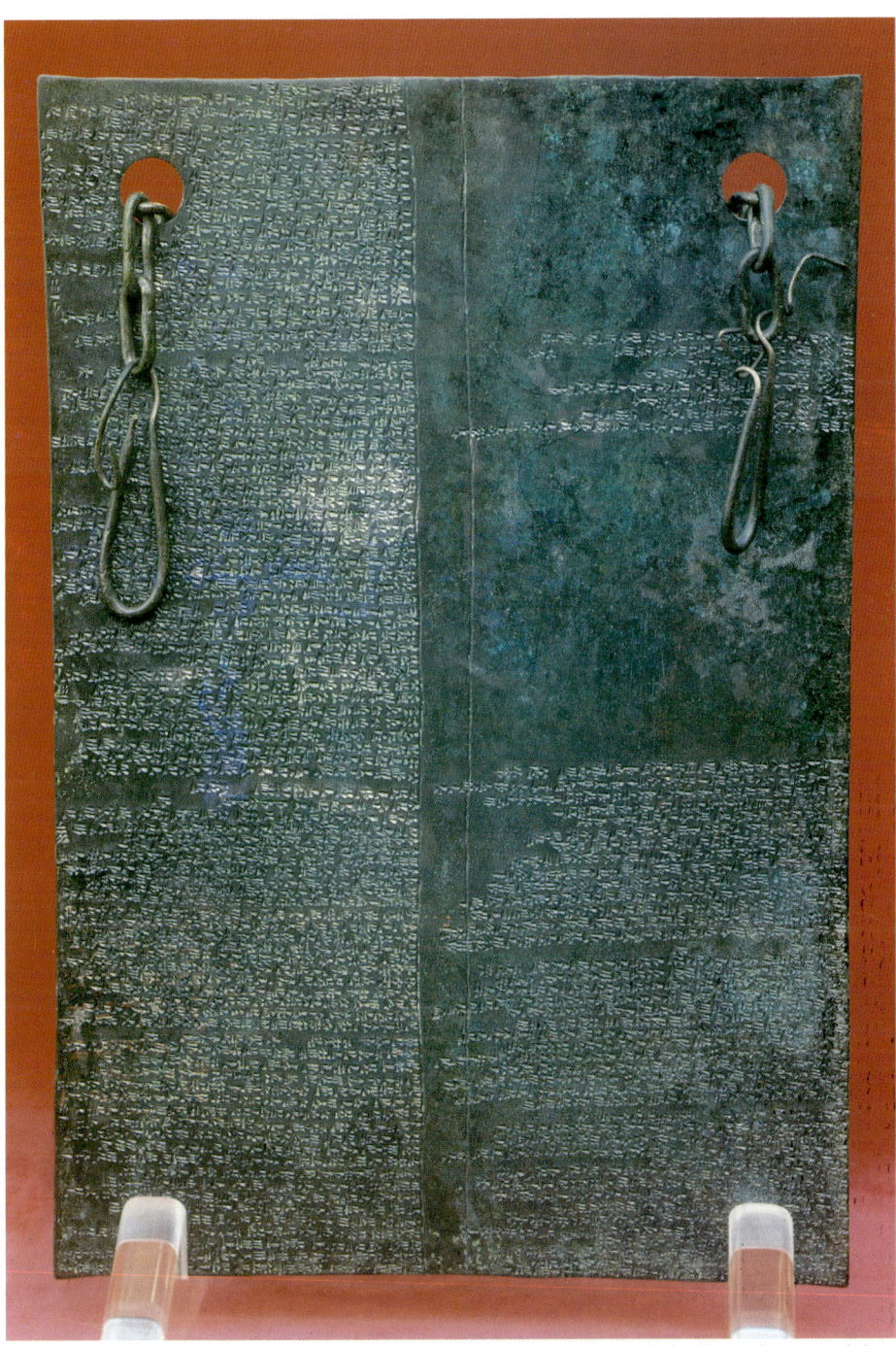

212. Tablette. Bronze. Hauteur : 35 cm. Bagazköy. XIIIème siècle av. J.-C.. Texte d'un accord de frontière entre Kurunta, roi de Tarhuntashsha, et Tudhaliya IV, souverain des Hittites.

213. Bague-sceau. Or. Hauteur : 1.9 cm. Alacahöyük. XIVème-XIIIème siècles av. J.-C.

214. Bol avec inscriptions hiéroglyphiques. Argent. Hauteur : 7.3 cm. Lieu de découverte (?). 2ème moitié du 2ème millénaire.

215. Statuette de dieu. Bronze. Hauteur : 11.4 cm. Dövlek (Sivas, Şarkışla, ne provient pas des fouilles). XVIème-XVème siècles av. J.-C.. Chez les Hittites, l'art des figurines et des reliefs traite de sujets religieux . C'est un jeune dieu athlétique qui est en train de marcher. La position de ses bras fait penser qu'il lance quelque chose.

217. Elément de collier en forme de déesse assise. Or.
Hauteur : 2 cm. Boğazköy.
XVème siècle av. J.-C..

216. Statuette de dieu. Argent et Or.
Hauteur : 4.4 cm. Lieu de découverte (?).
XVème et XIVème siècles av. J.-C..

218. Statuette de la déesse du soleil. Bronze.
Hauteur : 11 cm. Alacahöyük,
XIVème-XIIIème siècles av. J.-C..

219. Statuette d'homme assis. Ivoire. Hauteur : 3.9 cm, Alacahöyük, XIVème-XIIIème siècles av. J.-C..

221. Relief de dieu. Stéatite. Hauteur : 6.4 cm. Yeniköy (Çorum). XIVème-XIIIème siècles av. J.-C..

220. Statuette du dieu Bes. Os. Hauteur : 4.9 cm. Alacahöyük, XIVème- XIIIème siècles av. J.-C..

222. Statuette de dieu de la montagne. Ivoire. Hauteur : 3.6 cm. Boğazköy, XIVème siècle av. J.-C..

223. Relief de dieu de la guerre. Calcaire. Hauteur : 22.5 cm. "Portes du roi" de Boğazköy. XIVème-XIIIème siècles av. J.-C.. Ce relief figure à gauche du côté intérieur de la porte du roi dans les fortifications de la ville. Le relief, qui représente un "dieu guerrier", est travaillé en haut relief de façon à ressembler à une statue.

224. Animaux conduits par un personnage (un prêtre) en long manteau. Andésite. Hauteur : 133 cm. Alacahöyük, XIVème siècle av. J.-C..

226. Acrobates. Andésite. Hauteur : 116 cm. Alacahöyük, XIVème siècle av. J.-C..

225. Roi et reine adressant une prière au taureau qui se trouve sur l'autel. Andésite. Hauteur : 126 cm. Alacahöyük, XIVème siècle av. J.-C..

227. Trois personnages (prêtres) portant de longs manteaux. Hauteur : 133 cm. Alacahöyük, XIVème siècle av. J.-C.. Dans l'art Hittite, un tel groupe d'orthostates avec représentations de scènes n'a été retrouvé qu'à Alacahöyük. Ce groupe se trouvait de part et d'autre de la porte des sphinx et traite de sujets religieux comme on peut le voir.

228. Vue aérienne du terrain de fouilles de Malatya, Aslantepe.

229. Relief néo-hittite du seigneur Warpalavas. Pierre. Diamètre : 36 cm. Andaval (Nigde). IXème siècle av. J.-C.. Dans l'inscription accompagnant le relief se trouve le nom de Na-hi-ta, dont on pense qu'il s'agit de la Nigde actuelle.

PERIODE HITTITE RECENTE
(1200-700 avant J. - C.)

Les invasions des peuples égéens, en 1200, qui arrivaient de l'ouest, ont mis fin à l'Empire hittite, déjà affaibli. Les villes hittites, Boğazköy en premier, furent détruites et incendiées. Les Hittites se réfugièrent dans les régions montagneuses du Taurus méridional et du sud-est, et y fondèrent les dernières principautés hittites de l'histoire, sans pouvoir recréer d'unité politique. La tradition hittite que ces principautés firent survivre fut effacée de la scène de l'histoire vers 700 avant J. - C. à la suitede constantes agressions assyriennes.

Les fouilles de Kargamış (Karkémish), Zincirli, Malatya - Aslantepe, Sakçagözü, Karatepe et Tell Tayinat ont dégagé les importants centres de l'époque. Des oeuvres dispersées ont été retrouvées à plusieurs autres endroits. Ces petites principautés ont vécu, durant le premier quart du Ier millénaire avant notre ère, entre les Phrygiens au nord et à l'ouest de l'Anatolie centrale, les Ourartéens en Anatolie orientale, et les Assyriens de Mésopotamie du nord.

Les villes de l'èpoque hittite récente sont entourées d'une fortification au sein de laquelle sont groupés les bâtiments religieux et administratifs avec, au sommet, une citadelle doublement fortifiée. Les villes sont concues comme un tout, avec leurs palais, rues, escallers monumentaux et places publiques. Les palais sont un ensemble de constructions se complétant et groupées authour d'une cour. Ces constructions de plan dit "hilani", rectangulaire avec entrée flanquée de colonnes, est caractéristique de l'époque.

Une des spécificités de l'art de la période hittite récente est la conjugaison de l'architecture et de la sculpture. Les portes des murailles et les façades des palais sont recouvert d'orthostates.

L'art de l'époque dans cette région qui se trouve sur les voies commerciales d'une part de la Méditerranée orientale, et d'autre part de l'Egée via l'Anatolie centrale, est nettement influencé par les éléments hittites et Hourri-Mitanni de la fin du IIème millénaire, par l'art assyrien récent, et l'art araméen.

Le Musée des Civilisations Anatoliennes expose des oeuvres de pierre de la période hittite récente: les reliefs de la porte de Aslantepe, non loin de Malatya, deux lions, et un relief témoignant de la tradition hittite: le roi de Malatya Sulumeli présentant à boire à des dieux et déesses. La facture assyrienne de la grande statue de roi à l'entrée du palais de Aslantepe indique qu'elle est postérieure aux reliefs précités.

La plus importante ville de la période hittite récente en Anatolie méridionale est Kargamış (Karkémish), qui doit son importance au fait qu'elle se trouve au carrefour des routes reliant la Mésopotamie, l'Anatolie et l'Egypte. Les reliefs de Karkamış exposés au Musée: le long mur, le bastio royal, le mur des Héros et la porte de l'Eau, ont été reconstitués dans leur disposition originale. Les reliefs représentant les cérémonies de la déesse Kubaba; la scène de la nomination du fils ainé du roi Araras, Kamanas, en qualité de prince hériter; des chars de guerre; des scènes de victoire dans la guerre contre les Assyriens; des dieux, déesses et créatures diverses, le tout conjugant les caractéristiques hittites et assyriennes.

Les reliefs de Sakçagözü, provenant de l'entrée du palais, datent de la fin du 8ème siècle avant notre ère, et témoignent d'une forte influence assyrienne et araméenne.

Les représentations, sur les reliefs de Malatya, Sakçagözü et Karkamış de dieux surmontés d'une lune ailée et de dieux ailés portant un croissant de lune sur sa coiffe indiquent que le culte du soleil et de la lune existent encore à l'époque.

Une des caractéristiques commune de la culture de la période hittite récente est l'usage d'hiéroglyphes hittites. Les hiéroglyphes remplacent l'écriture cunéiforme, tombée en désuétude. Nous pouvons le constater dans les reliefs de Kargamış ainsi que dans le relief d'Andaval et les stèles de Sultanhanı-Kayseri et Köylütolu.

La période hittite récente est importante pour l'archéologie anatolienne dans la mesure où elle a fait survivre l'art hittite jusqu'au 7ème siècle avant notre ère.

230. Statue du roi Tarhunza. Calcaire. Hauteur : 318 cm. Malatya. VIIIème siècle av. J.-C.. La chevelure bouclée, la barbe, la couronne sur le front, le costume et les sandales à talon renforcé traduisent une forte influence assyrienne.

231. Le roi Sulumeli offrant une libation à un dieu. Basalte. Hauteur : 86.2 cm. Malatya. Xème-IX siècles av. J.-C..

232. Relief d'une chasse au lion. Basalte. Hauteur : 53.4 cm. Malatya. IXème-VIIIème siècles av. J.-C..

233. Relief de scène de banquet. Grès. Hauteur : 52 cm. Malatya (lieu de découverte non établi), Xème-IXème siècle av. J.-C..

234. Lion de porte. Calcaire. Hauteur : 124 cm. Malatya- Aslantepe. Xème-IXème siècles av. J.-C..

235 - A. Inscription hiéroglyphique. Basalte. Hauteur : 111 cm. Karkémish. 2ème moitié du VIIIème siècle av. J.-C..

235 - B. Le roi Araras et son fils Kamanas. Basalte. Hauteur : 114.6 cm. Karkémish. 2ème moitié du VIIIème siècle av. J.-C..

237. Soldats casqués. Basalte. Hauteur : 133 cm. Karkémish. Deuxième moitié du VIIIème siècle av. J.

6 - A. Les enfants du roi Araras. Basalte. Hauteur : 119 cm. Karkémish. 2ème moitié du VIIIème siècle av. J.-C..

236 - B. L'épouse du roi Araras avec son benjamin dans les bras et conduisant un animal. Basalte. Hauteur : 115.2 cm. Karkémish. 2ème moitié du VIIIème siècle av. J.-C..

238. Officiers du palais. Basalte. Hauteur : 111 cm. Karkémish. 2ème moitié du VIIIème siècle av. J.-C..

239. La déesse Kubaba. Basalte. Hauteur : 82 cm. Karkémish. IXème siècle av. J.-C.. Exécutée dans un style traditionnel, cette figure est identifiée à la déesse Kubaba, à cause de la corne sur le front et de la grenade qu'elle tient.

240. La déesse Kubaba assise sur un haut trône supporté par un lion et des femmes en procession.. Basalte. Hauteur : 90 cm. Karkémish. IXème siècle av. J.-C..

241. Hommes portant sur les épaules des animaux destinés au sacrifice. Basalte. Hauteur : 100 cm. Karkémish. IXème siècle av. J.-C.

242. Char de guerre. Basalte. Hauteur : 175 cm. Karkémish. 2ème moitié du VIIIème siècle av. J.-C..
Il s'agit d'une imitation du style assyrien.

243. Sphinx à tête d'homme et de lion. Basalte. Hauteur : 113 cm. Karkémish. IXème siècle av. J.-C..
Bas relief très bien conservé. Le nez est caractéristique du style Hittite ou louvite.

244. Relief du roi Katuvas avec inscriptions hiéroglyphiques. Basalte.
Hauteur : 128 cm. Karkémish.
IXème siècle av. J.-C..

245. Inscription hiéroglyphique.
Basalte. Hauteur : 136 cm.
Karkémish.
IXème siècle av. J.-C..

246. Paire de sphinx. Basalte. Hauteur : 85 cm. Sakçagözü. VIIIème siècle av. J.-C..

247A. Dieux bénissant l'arbre de vie sous un disque solaire ailé. Basalte. Hauteur : 86.3 cm. Sakçagözü. 2ème moitié du VIIIème siècle av. J.-C..

247B. Génie ailé à corps d'homme et à tête d'oiseau. Basalte. Hauteur : 86 cm. Sakçagözü. 2ème moitié du VIIIème siècle av. J.-C..

247C. Lion de porte. Basalte. Hauteur : 84 cm. Sakçagözü. 2ème moitié du VIIIème siècle av. J.-C..

248. Reliefs des génies à corps de taureau et tête humaine et à corps humain et tête de lion. Basalte. Hauteur : 117 cm. Karkémish. IXème siècle av. J.-C..

249. Relief de héros maître des animaux. Hauteur : 117 cm. Karkémish. IXème siècle av. J.-C..

250. Scène de chasse au lion. Basalte. hauteur : 130 cm. Karkémish. IXème siècle av. J.-C..

251. Relief de deux hommes-oiseaux. Basalte. Hauteur : 1.25 cm. Karkémish. IXème siècle av. J.-C..

252. D'une hauteur de 50 m et d'un diamètre de 300 m, le "Grand Tumulus" est le plus grand des Tumuli de la capitale phrygienne Gordion. Le monument funéraire est unique, non seulement à cause de sa taille mais aussi du fait de la richesse de la construction en bois de la chambre funéraire et des cadeaux offerts au mort.

253. Reconstruction de la chambre funéraire en bois du roi Midas. Gordion. VIIIème siècle av. J.-C..

LES PHRYGIENS
(1200-700 avant J. - C.)

Les Phrygiens, pénétrant au début du XIIème siécle avant notre ère en Anatolie avec les invasions égéennes des peuples d'Europe du sud-est, ont détruit à peu près toutes les grandes villes d'Anatolie et, ayant anéanti l'Empire hittite, se sont mis à dominer une bonne partie de l'Anatolie. Ils se sont établis dans la région de la Sakarya, avec pour centre Gordion, et s'adjoignant Afyon Kütahya et Eskişehir. Les rares incriptions phrygiennes qui nous sont parvenues indiquent que les Phrygiens parlaient une langue indo-européenne. Les sources grecques, et notamment Hérodote, parlent des Phrygiens comme petits et grands Byriges, et indiquent qu'ils viennent de Macédoine, alors que les sources assyriennes citent le nom de Mita le Mushki. Il est admis que Mita signifie Midas, et que Mushki signifie Phrygien.

Le soyaume phrygien est puissant dans la seconde moitié du VIIIème siècle avant notre ère, mais s'affaiblit au début du VIIème siècle avec les invasions cimmériennes. Il entre ensuite sous le joug lidyen, puis perd toute indépendance avec l'invasion perse vers 550 avant J. - C...

Le politique et l'art phrygiens sont divisés en deux époques: l'époque ancienne (avant le VIIème siècle), et l'époque récente (à partir de l'invasion cimmérienne en 695, et jusqu'au dernier quart du IVème siècle avant notre ère). Nous avons peu de connaissances sur les débuts de l'art phrygien jusqu'en 750 avant J. - C.

La capitale de la Phrygie est Gordion, ville fortifiée, entourée de puissantes murailles. Le plan généralement utilisé pour les bâtiments officiels est le plan "à mégaron": rectangulaire, utilisé en Anatolie occidentale depuis le IIIème millénaire.

Les édifices sont faits de pierre, pisé et bois. Les Phrygiens ont orné les façades de ces édifices, selon la tradition d'Anatolie occidentale, de plaques de terre cuite décorée. Le sol est quelquefois couvert de mosaiques polychromes à motifs géométriques. Les plus belles plaques de terre cuite peintes exposées au Musée proviennent de Gordion et Pazarlı. Les motifs en sont des guerriers, des luttes taureau-lion, des centaures des créatures à tête d'oiseau, des arbres de vie flanqués de chèvres.

Outre Gordion, sur la Sakarya, les villes de la boucle et au sud du Kızılırmak: Alacahöyük, Boğazköy, Pazarlı, Kültepe, Eskiyapar, Maşathöyük, sont d'excellentes sources de renseignements sur les Phrygiens et leur art. Les monuments de pierre et les découvertes des fouilles archéologiques indiquent à quel point l'architecture phrygienne s'était développée sur une tradition solide.

Les membres de la famille royale et les nobles phrygiens étaient ensevelis dans des chambres funéraires en bois de cèdre ou de genévrier, couvertes de terre, de façon à former un tumulus. Ces chambres funéraires en bois témoignent d'une remarquable maitrise de la construction en bois. Parfois, les chambres funéraires sont construites, toujours en bois, dans des fosses creusées dans le sol, et remplies autour de la chambre par des blocs de pierre. Le mort et les offrandes funéraires une fois déposés dans la chambre, celle-ci est recouverte d'un toit lui-même recouvert d'un gros tas de pierres. Le tumulus est achevé par un amoncellement de terre et de glaise. La richesse et la variété des offrandes funéraires déposées dans les tumuli phrygiens (on en compte une centaine, et quelque 25 tumuli ont été fouillés) donne une idée de l'importance du défunt.

Les plus importants tumuli phrygiens se trouvent à Gordion, à Afyon et Eskişehir au sud-ouest de l'Anatolie centrale, et Ankara. Ces derniers se situant dans la zone actuellement occupée par le Mausolée d'Atatürk et la Ferme forestière. Datés des VIIIème et VIIème siècles, ces tumuli ont de 3 à 50 mètres de haut. Les morts sont tout d'abord ensevelis tels quels, puis par la suite incinérés et leurs cendres mises dans une urne déposée dans le tumulus. Le plus grand tumulus phrygien à Gordion, a 50 mètres de haut et 300 mètres de diamètre. Sa chambre funéraire a 6 m 20 sur 5 m 15. possède un fronton triangulaire mais n'a pas de porte. On a retrouvé dans un coin de la chambre, un squelette d'homme de plus de soixante ans, mesurant 1m59. étendu sur une banquette. Dans ce tombeau, que l'on attribue au roi Midas, se trouvaient des panneaux de bois sculptes et marquetés, et, sur des trépieds, de grands chaudrons de bronze remplis de plus petits récipients: des pierres omphaliques, des coupes à anse, des seaux, des petits chaudrons, des louches et une quantité de fibules de bronze. Les Phrygiens avaient développé, à partir des chaudrons de bronze importés de l'Ourartou, un style particulier. Les Ourartéens d'Anatolie orientale étaient maitres - chaudronniers et ornaient les bords de leurs chaudrons de têtes de lion et de taureau. Les Phrygiens les ornèrent de têtes humaines de type assyrien. Les

Phrygiens, eux, étaient maitres dans l'art de traiter le bois, comme le prouve le raffinement technique des motifs géométriques sculptés ou marquetés. Les tumuli phrygiens révèlent tout un mobilier en bois orné de motifs géométriques, des statuettes représentant des luttes lion-taureau, des chevaux et scènes mythologiques. Les Phrygiens travaillaient également l'ivoire.

Les statues de la déesse Cybèle, les reliefs la représentant et les petites figures retrouvées dans les lieux de culte de la déesse offrent des traits stylistiques parallèles. Les Phrygiens avaient adopté la déesse Kubaba, apparue dans le panthéon hittite au IIème millénaire avat notre ère comme déesse principale de leur panthéon. Cybèle, déesse de la fécondité, était le plus souvent représentée accompagné de lions. Elle passa dans les panthéons hellénistique et romain par les Phrygiens via Sardes. Les statues et reliefs de Cybèle exposés au Musée proviennent de Boğazköy, Ankara et Gordion. Un autre groupe d'origine phrygienne exposé au Musée est une série de reliefs travaillés sur andézite (pierre d'Ankara), retrouvés non loin de la capitale. Ces reliefs, orthostates influencés par l'art hittite de la période récente et l'art assyrien, représentent des lions, chevaux, taureaux, griffons et sphynx. Ces reliefs sont la preuve tangible de ce que les Phrygiens étaient sous l'influence de l'Anatolie occidentale d'une part, et des arts hittites et assyriens de l'époque récente d'auter part.

La poterie phrygienne, faite au tour, est soit monochrome, soit vivement polychrome. La poterie monochrome, génerallement grise ou noire, est directement inspirée des formes des récipients en métal. Les motifs des poteries polychromes sont brun rougeâtre sur fond clair. Les motifs sont surtout géométriques: rectangles, triangles, zigzag, cercles, damiers, et couvrent parfois tout le récipient. Le décor de certaines poteries est divisé en panneaux alternant figures animales et dessins géométriques. Les vases à boire (rhyton) témoignent de la puissance d'imagination et de la créativité des artistes phrygiens, qui en ont fait d'intéressantes statuettes zoomorphes.

254. Reconstruction de la chambre funéraire du "Grand Tumulus" qui est considéré comme étant celui du roi Midas.

255. Trépied ou table sculptée et marquetée. Bois. hauteur : 30 cm. "Grand Tumulus" de Gordion. VIIIème siècle av. J.-C..

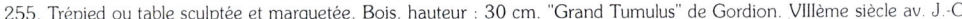

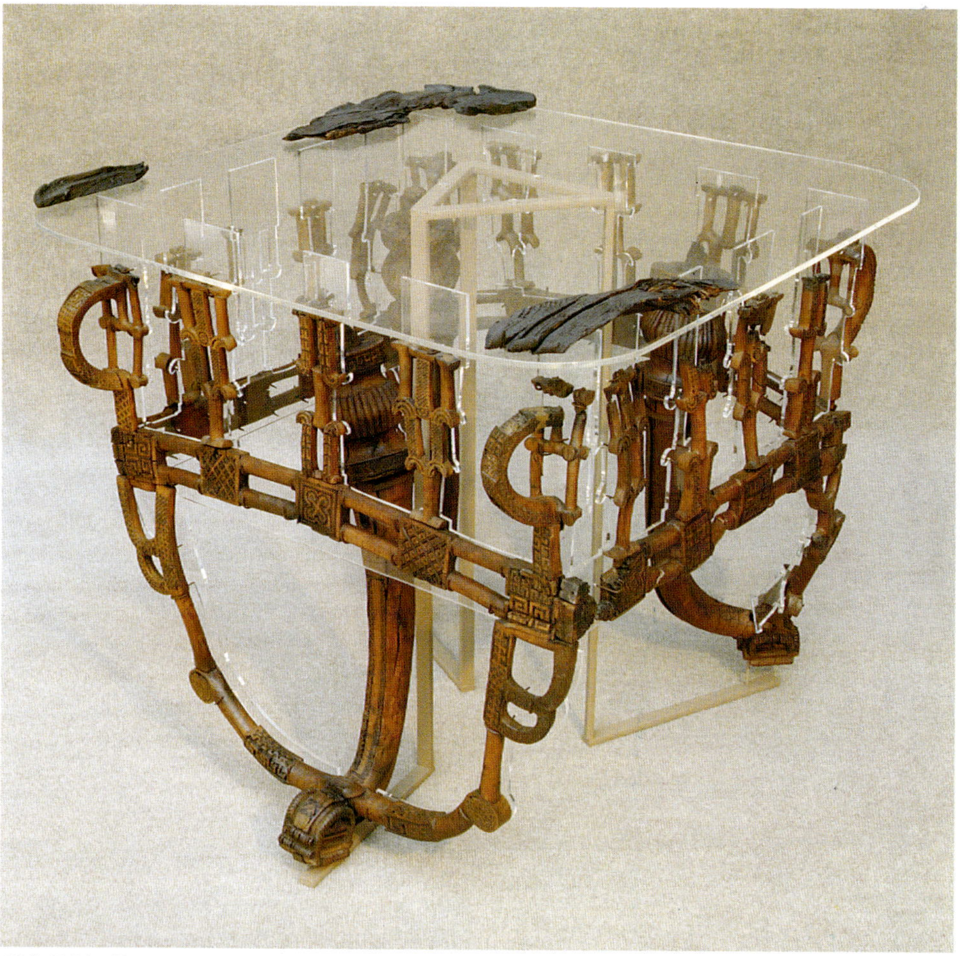

256. Table. Bois.
Réalisée en marqueterie.
Hauteur : 64 cm.
Gordion "Grand Tumulus".
Fin du VIIIème siècle av. J.-C..

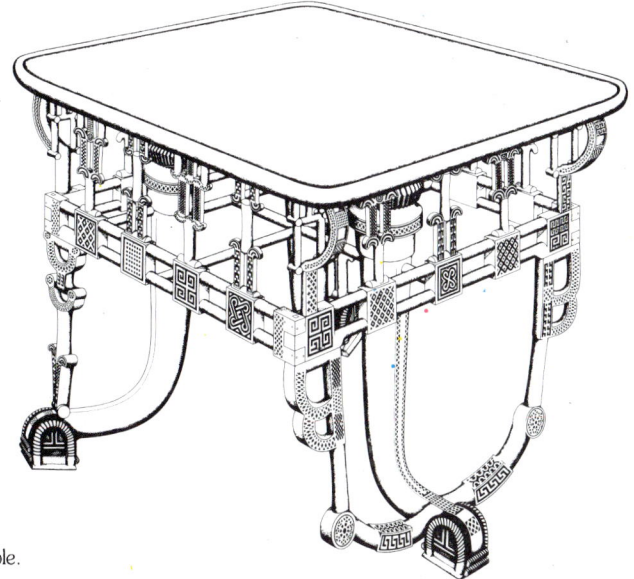

257. Dessin de la reconstitution de la table.

258. Table de service. Bois.
Hauteur : 94 cm.
Gordion. "Grand Tumulus".
Fin du VIIIème siècle av. J.-C..

260. Dessin de la reconstruction de la table.

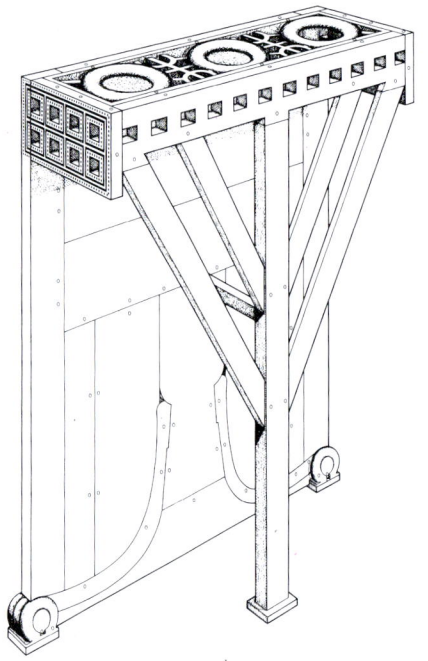

259. Table de service. Bois. Hauteur : 94 cm. Gordion. "Grand Tumulus" fin du VIIIème siècle av. J.-C..

261. Jouet en forme de lion. bois.
Hauteur : 7.5 cm.
Gordion. Tumulus P.
Fin du VIIIème-début du VIIème siècle av. J.-C..

262. Jouet en forme de taureau et de lion. Bois.
Hauteur : 6.8 cm.
Gordion. Tumulus P.
Fin du VIIIème-début du VIIème siècle av. J.-C..

263. Jouet en forme de griffon mangeant un poisson. Bois.
Hauteur : 6.6 cm.
Gordion. Tumulus P.
Fin du VIIIème-début du VIIème siècle av. J.-C..

264. Cruches à bec verseur. Terre cuite. Hauteurs : 15 et 17 cm. Gordion. Fin du VIIIème -début du VIIème siècle av. J.-C..

265. Chope. Terre cuite. Hauteur : 14 cm. Alişar. Début du VIIIème siècle av. J.-C..

266. Vase à très long bec verseur. Terre cuite. Hauteur : 8 cm. Gordion. Tumulus W. Début du VIIIème siècle av. J.-C..

267. Cruche à décor peint. Terre cuite. Hauteur : 30 cm. Gordion. Tumulus P. appartenant à un enfant de la famille royale. Fin du VIIIème- début du VIIème siècle av. J.-C..

268. Vase à libation en forme d'oie. Terre cuite. Hauteur : 37 cm. Gordion. Appartenant à un enfant de la famille royale. Tumulus P. Fin du VIIIème-début du VIIème siècle av. J.-C..

269. Vase à libation en forme de chèvre. Terre cuite. Hauteur : 16 cm. Gordion. Appartien à un enfant de la famille royale. Tumulus P. Fin du VIIIème-début du VIIème siècle av. J.-C..

271. Vase peint. Terre cuite. Hauteur : 19.5 cm. Gordion. Tumulus P. Fin du VIIIème-début du VIIème siècle av. J.-C..

270. Vase à libation en forme de chèvre. Terre cuite. Hauteur : 20.7 cm. Gordion. Tumulus P. Fin du VIIIème-début du VIIème siècle av. J.-C..

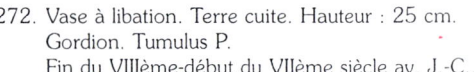

272. Vase à libation. Terre cuite. Hauteur : 25 cm. Gordion. Tumulus P.
Fin du VIIIème-début du VIIème siècle av. J.-C..

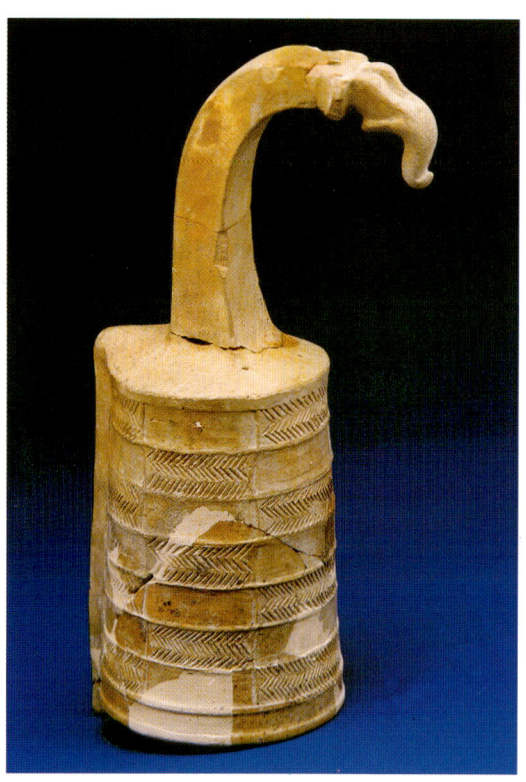

273. Vase à libation. Terre cuite. Hauteur : 21.4 cm. Gordion. Tumulus P.
Fin du VIIIème-début du VIIème siècle av. J.-C..

274. Vase à bec. Terre cuite. Hauteur : 12.1 cm. Gordion. Fin du VIIIème-début du VIIème siècle av. J.-C..

277. Grand vase peint. Terre cuite. Hauteur : 78 cm. Kültepe. VIème siècle av. J.-C..

275. Cruche peinte à ouverture trilobée. Terre cuite. Hauteur : 21.5 cm. Gordion. IXème siècle av. J.-C..

276. Cratère. Terre cuite. Hauteur : 33 cm. Gordion. IXème siècle av. J.-C..

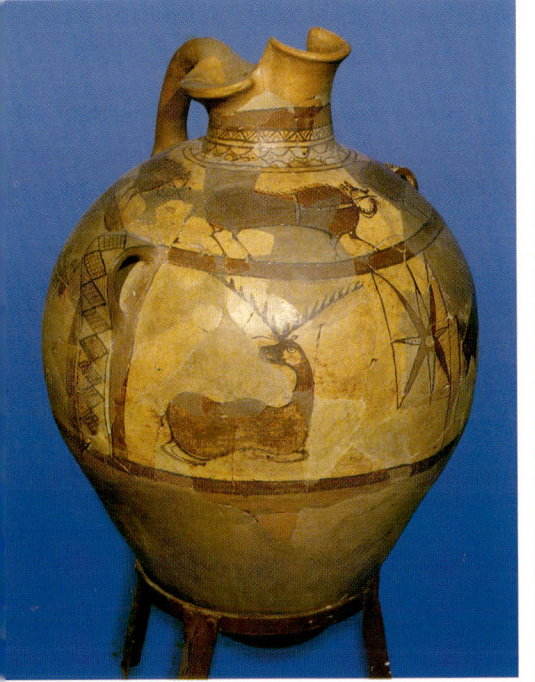

278. Vase. Terre cuite. Hauteur : 10.1 cm. Gordion. IXème siècle av. J.-C..

279. Seau en forme de tête de bélier (situle). Bronze. Hauteur : 22 cm. Grand Tumulus de Gordion. Fin du VIIIème siècle av. J.-C..

280. Seau en forme de tête de lion (situle). Bronze. Hauteur : 22.3 cm. Grand Tumulus de Gordion. Fin du VIIIème siècle av. J.-C..

283. Bol à omphalos (phiale). Bronze.
Hauteur : 22.2 cm.
Grand Tumulus de Gordion.
Fin du VIIIème siècle av. J.-C..

281. Bol à omphalos (phiale) avec décoration extérieure en forme de feuilles. Bronze. Hauteur : 7.3 cm. Tumulus W à Gordion. Fin du VIIIème siècle av. J.-C..

282. Bol à omphalos (phiale). Bronze. Hauteur : 15.7 cm. Grand Tumulus de Gordion.
Fin du VIIIème siècle av. J.-C..

284. Bol à omphalos (phiale). Bronze. Hauteur : 5. cm.
Grand Tumulus de Gordion.
Fin du VIIIème siècle av. J.-C..

285. Bol à omphalos (phiale) avec décoration extérieure de feuilles. Bronze. Hauteur : 5 cm. Tumulus P à Gordion. Fin du VIIIème siècle av. J.-C..

286. Plat à deux anses relevées. Bronze. Hauteur : 5.6 cm. Grand Tumulus de Gordion. Fin du VIIIème siècle av. J.-C..

287. Plat à anses en forme de bobine. Bronze. Hauteur : 8.8 cm. Grand Tumulus de Gordion. Fin du VIIIème siècle av. J.-C..

288. Chaudron à 4 anses en forme de sirène. Bronze. Hauteur : 51.5 cm. Grand Tumulus de Gordion. Fin du VIIIème siècle av. J.-C..

289. Détail d'un anse, vue de dos.

290. Détail d'un anse, vue au face.

291. Cruche à ouverture trilobée. Bronze. Hauteur : 16.5 cm. Grand Tumulus de Gordion. Fin du VIIIème siècle av. J.-C..

293. Petit chaudron. Bronze. Hauteur : 16 cm. Grand Tumulus de Gordion. Fin du VIIIème siècle av. J.-C.

292. Cruche à ouverture trilobée. Bronze. Hauteur : 35 cm. Grand Tumulus de Gordion. Fin du VIIIème siècle av. J.-C.

295. Chope à une anse. Bronze. Hauteur : 16 cm.
Tumulus W à Gordion.
Fin du VIIIème siècle av. J.-C..

294. Cruche à bec évasé. Bronze. Hauteur : 14 cm.
Grand Tumulus de Gordion.
Fin du VIIIème siècle av. J.-C..

296. Cruche à une anse. Bronze. Hauteur : 18 cm.
Grand Tumulus de Gordion.
Fin du VIIIème siècle av. J.-C..

297. Coupe inscrite. Bronze. Hauteur : 8 cm. Grand Tumulus de Gordion. Fin du VIIIème siècle av. J.-C..

298. Détail de l'inscription sous le bord.

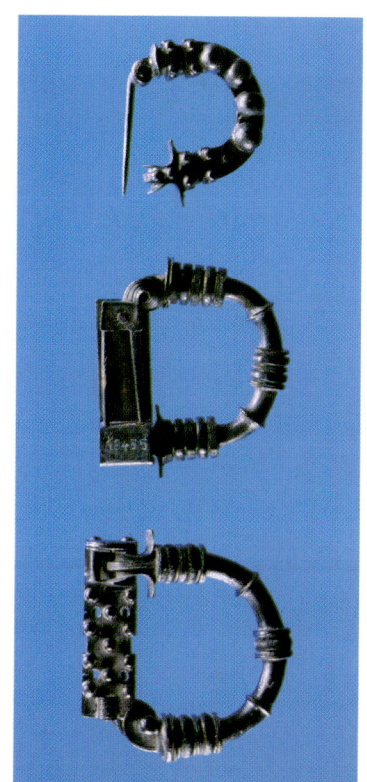
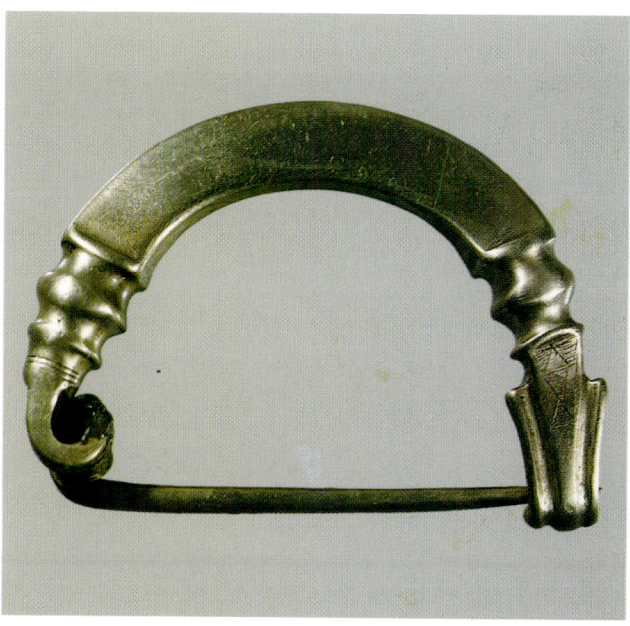

300. Fibule. Electrum. Hauteur : 3.4 cm. Gordion. VIIIème siècle av. J.-C..

299. Fibules. Bronze. Hauteurs : 5 et 6.5 cm. Grand Tumulus de Gordion. Fin du VIIIème siècle av. J.-C..

301. Modèle de chariot à quatre chevaux. Bronze. Longueur : 16 cm. Gordion. Appartenait à un enfant de la famille royale. Tumulus P. Fin du VIIIème siècle début du VIIème siècle av. J.-C..

302. Statuette de Midas. Terre cuite. Hauteur : 9.5 cm. Gordion.

303. Statue de Cybèle. Calcaire. Trouvée dans l'avant-cour de l'une des portes de la citadelle (Büyükkale) phrygienne de Boğazköy. De chaque côté de Cybèle se trouvent deux musiciens jouant de la flûte et de la lyre. Elle est la déesse mère qui symbolise tout au long des siècles en Anatolie la fertilité et la prospérité. Le polos qu'elle porte sur la tête, les plis du vêtement et l'expression archaïque du visage dénotent une influence grecque.

304 - 305. Reliefs peints représentant des chèvres grimpant à l'arbre de vie et deux guerriers. Terre cuite. Hauteurs : 31 - 44 cm. Pazarlı. VIème siècle av. J.-C..

306. Reconstruction d'un bâtiment phrygien. Pazarlı.

307. Relief au griffon. Andésite. Hauteur : 98 cm. Ankara (ferme de la forêt du Gazi). Début du VIIème av. J.-C..

308. Relief au taureau. Andésite. Hauteur : 104 cm. Ankara. Début du VIIème siècle av. J.-C..

309. Relief au cheval. Andésite. Hauteur : 110 cm. Ankara. Début du VIIème siècle av. J.-C..

310. Relief au lion. Andésite. Hauteur : 110 cm. Ankara. Début du VIIème siècle av. J.-C..

311. Elément de la fresque qui ornait les deux longs murs de l'Apadana (salle de réception) d'Altıntepe. Des génies ailés sont représentés de chaque côté d'un arbre sacré. Fin du VIIIème siècle-début de VIIème siècle av. J.-C..

312. Reconstitution de l'Apadana (salle de réception) d'Altıntepe. Fin du VIIIème siècle début du VIIème av. J.-C..

LES OURARTEENS

Les Ourartéens ont fondé un Etat autour du lac de Van au début du 1er millénaire avant notre ère. A l'apogée de sa puissance, cet Etat couvrait un territoire allant du lac d'Urmiye à la vallée de l'Euphrate, et du sud du Gaucase par la vallée de l'Aras et le littoral de la mer noire orientale à Mossoul, Alep et la Méditerranée. Sa configuration géographique faisait de l'Ourartou un pays de plateaux entourés de montagnes abruptes et de profondes vallées. Les Ourartéens, confrontés à ces difficultés naturelles, ont cependant été de bon éléveurs et de bons agriculteurs. Si l'Anatolie orientale possède des plateaux et des plaines propres à l'agriculture et à l'élevage, elle possède également de riches minerais. La richesse de la région avait d'ailleurs attiré l'attention des tribus de Mésopotamie depuis longtemps. Les Assyriens faisaient de fréquentes incursions dans la région. Les Qurartéens, forcés d'y faire face, s'unirent au début du 1er millénaire avant notre ère pour former l'Etat de l'Ourartou, avec pour capitale Tushpa, la Van actuelle.

L'Ourartou, qui est mentionné pour la première fois dans des textes cunéiformes du roi assyrien Salmanasar 1er au XIIIème siècle avant notre ère, a été anéanti par les invasions Mèdes et Soythes venant du nord vers 600 avant J.-C... Les Ourartéens ne sont ni indo-européens ni sémites. Les travaux effectués sur la langue ourartéenne ont fait conclure qu'il s'agissait d'un dialecte de la langue Hourri. Les Hourrites vivaient dans la même région un demi siècle plus tôt, et avaient fondé une culture contemporaine à celle des Hittites, qui s'étendait jusqu'à Antakya. On estime donc que les Ourartéens sont de la même origine que les Hourrites. Ils n'ont cependant pas échappé à l'influence assyrienne, et ont, au début, utilisé la langue et l'écriture assyriennes. Il a été possible de lire l'ourartéen grâce à des textes bilingues assyrien-ourartéen. La correspondance, assez rare, officielle ou commerciale, se faisait sur tablettes de terre cuite. Au contraire des documents assyriens, les textes ourartéens sont secs et froids. Il s'agit pour la plupart de contrats et de lettres. Les grandes inscriptions ourartéennes sont gravées sur les blocs de pierre des édifices, ou sur des rochers. Les Ourartéens ont également utilisé des hiéroglyphes, ressemblant aux hiéroglyphes hittites. Dans certains documents cunéiformes ourartéens, on parle des victoires remportées par les rois de l'Ourartou, des prisonniers et du tribut de guerre, de la construction de canaux d'irrigation, des forteresses et des temples. Dans leurs textes, les Assyriens parlent de la fertilité des terres de l'Ourartou, et de la richesse de ses temples et de ses entrepôts. (*)

Ces textes confirment par ailleurs que les Ourartéens étaient passés maîtres dans l'art et la technique de la construction de grands canaux, de lacs artificiels, ainsi que dans l'irrigation et le drainage.

L'Ourartou était un Etat théocratique et féodal. Les régions frontières étaient protégées par des marches, comme c'était le cas dans l'Etat hittite. Les souverains de ces marches payaient impôt au roi, mais restaient indépendants dans leur domaine. Habitant de solides forteresses, ils se joignaient avec leurs hommes à l'armée du roi de l'Ourartou en temps de guerre.

Les Ourartéens, qui ont connu leur âge d'or aux IXème et VIIIème siècles avant notre ère, ont prouvé leur habileté en matière d'architecture, tant dans leurs palais et temples que dans leurs grands travaux. Adaptant leurs constructions à la configuration géographique de la région, ils ont élevé des édifices monumentaux avec des blocs de pierre de 20 à 25 tonnes. L'architecture ourartéenne a connu un développement différent de celui de l'architecture assyrienne. Ils ont utilisé, sur des fondations de pierre, des structures en bois. Les forteresses ourartéennes, qui renferment le temple, le palais et les bâtiments administratifs, sont entourées de murailles comportant de nombreux bastions. Le plan, la position et la technique de construction de ces forteresses sont des modèles du genre monumental. Les édifices dégagés à Altıntepe, Çavuştepe, Adilcevaz, Kayalıdere et dans les autres centres ourartéens, son le reflet vivant des travaux dont parlent constamment les inscriptions des rois de l'Ourartou. Les salles d'audience et de réception des temples et palais ourartéens, avec leurs nombreux piliers, sont une innovation architecturale. Le temple de Altıntepe en offre le meilleur exemple. Une autre caractéristique importante de l'art ourartéen sont les peintures murales de ces constructions monumentales. La plupart de ces peintures murales manifestent une grande influence assyrienne, alors que d'autres refiètent un style et utilisent des motifs originaux. Les peintures murales, de couleurs vives, représentent des motifs géométriques, végétaux, et des scènes de la vie animale. Ces peintures, datées de la seconde moitié du VIIIème siècle jusqu'à la seconde moitié du VIIème siècle avant notre ère, donnent une idée de l'intérêt manifesté à l'art par la civilisation ourartéenne, qui se développait dans de rudes conditions naturelles. Les motifs les plus souvent travaillés sont des compositions géométriques ou florales, des griffons ou sphynx ailés de part et d'autre de l'Arbre de vie, des dieux montés sur des animaux sacrés, des luttes entre animaux, et d'autres scènes animalières. Ces peintures murales sont dans leur grande majorité soit religieuses, soit purement décoratives. Leur aspect vivant provient du fait que les couleurs brillantes ont toujours été soigneusement harmonisées: rouge, bleu, beige, noir, blanc et plus rarement vert.

Les casques et boucliers découverts portent le nom du roi auquel ils appartenaient, ainsi que des figures humaines et animales. Le chaudron d'Altıntepe, portant quatre têtes de taureau à la place des poignées date du début du VIIème siècle avant notre ère. Les chaudrons de bronze de l'Ourartou, avec leurs figures typiques, ont été exportés en Phrygie, en Grèce continentale, et en Italie.

Les Ourartéens travaillaient également des plaques de bronze. Ils en faisaient des ceintures, casques, boucliers, plaques votives, harnachements et carquois. Ce qui frappe dans les ceintures de bronze est l'importance accordée à la symétrie; ainsi que la répétition des figures et motifs.

Un autre groupe d'oeuvres ourartéennes remarquable sont les sceaux. Les Ourartéens ont utilisé plusieurs types de sceaux, et ont introduit l'usage du cylindre-sceau. Les motifs utilisés sont des animaux, des créatures composites, et des végétaux.

La tradition du travail de l'ivoire a été briliamment développée par les Ourartéens. Les pièces retrouvées, qui décoraient le mobilier, sont remarquables. Citons les motifs de griffon, de visage humain, de cerf, des palmettes, des mains unies, servant d'appliques et les statuettes de lions. Une de ces statuettes, de taille impressionnante, et appartenant à uè trépied, est la plus grande statuette d'ivoire d'Asie antérieure.

Les chambres funéraires des seigneurs ourartéens creusées dans le roc et leurs sarcophages de bois ou de pierre sont d'influence assyrienne. Les niches funéraires creusées autour des tombes royales et la centaine d'urnes découverte tout autour indiquent que les pauvres et les esclaves devaient être enterrés. Cependant, la présence d'urnes dans certaines chambres funéraires, qu'elles appartiennent aux princes ou au peuple, indique que les deux systèmes: enterrement ou incinération, étaient utilisés. Les tombeaux ourartéens sont importants du point de vue des offrandes funéraires.

Le Musée des Civilisations Anatoliennes possède une riche collection ourartéenne provenant des fouilles de Altıntepe-Erzincan, Patnos-Ağrı, Toprakkale-Van, Kayalıdere et Adilcevaz-Van.

313. Inscription sur vase.

314. Vase à petit col (urne). Bronze. Hauteur : 38.8 cm. Altıntepe. Fin du VIIIème siècle début du VIIème siècle av. J.-C..

315. Chaudron sur un trépied. Bronze. Hauteur : 51 cm. Altıntepe.
Fin du VIIIème siècle début du VIIème siècle av. J.-C..

316. Vase à haut pied.
Terre cuite.
Hauteur : 22.1 cm. Patnos.
VIIIème siècle av. J.-C..

317. Table. Bois.
Hauteur : 43 cm. Adilcevaz.
VIIIème siècle av. J.-C..

318. Sarcophage en forme de baignoire recouvert de cuir. Bronze. Hauteur : 56 cm. Anatolie orientale (Achat). VIIème siècle av. J.-C..

319. Cruche recouverte de cuir. Bronze. Hauteur : 20 cm. Anatolie orientale (Achat). VIIème siècle av. J.-C..

321. Plaque votive. Bronze. Hauteur : 15.7 cm.
Anatolie orientale (Achat). VIIème siècle av. J.-C..

320. Plaque votive. Bronze. Hauteur : 11.4 cm.
Anatolie orientale (Achat). VIIème siècle av. J.-C..

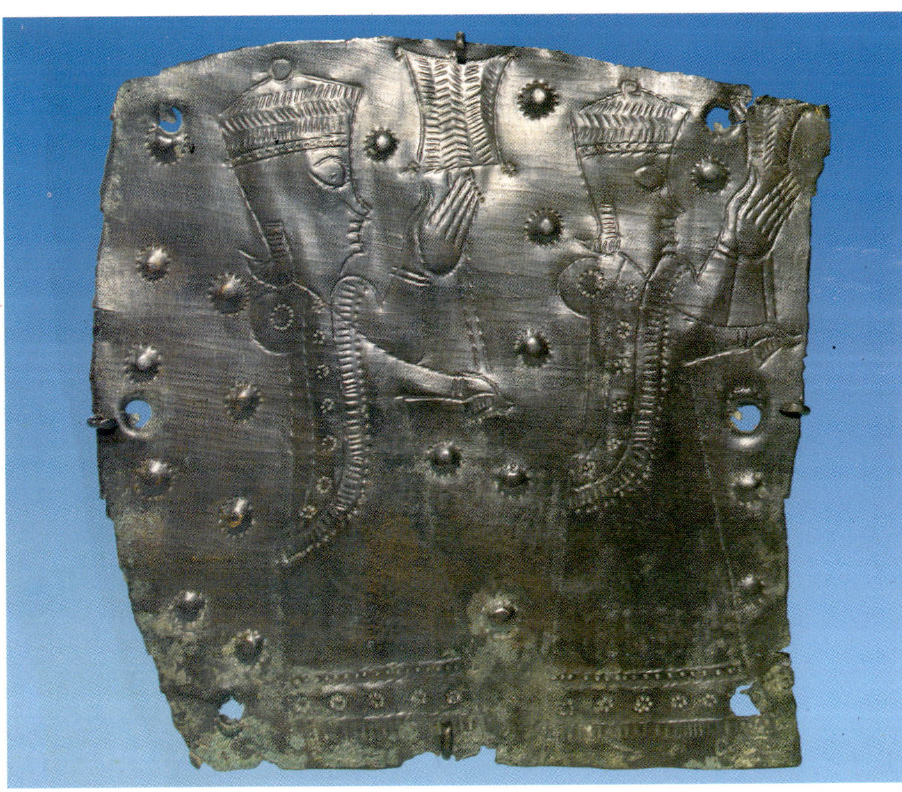

322. Plaque votive. Bronze. Hauteur : 15.7 cm. Anatolie orientale (Achat). VIIème siècle av. J.-C..

324. Statuette de lion. Bronze. Hauteur : 6.4 cm. Kayalıdere. Fin du VIIIème siècle début du VIIème siècle av. J.-C..

325. Pieds de mobilier. Bronze. Hauteur : 26 cm. Kayalıdere. Fin du VIIIème siècle début du VIIème siècle av. J.-C..

323. Carquois. Bronze. Longueur : 62 cm. Kayalıdere. Fin du VIIIème siècle début du VIIème siècle av. J.-C..

326. Statuette de lion assis. Ivoire. Hauteur : 10 cm. Altıntepe. 2ème moitié du VIIIème siècle av. J.-C..

327. Génie ailé. Ivoire. Hauteur : 12.4 cm. Altıntepe. 2ème moitié du VIIIème siècle av. J.-C..

328. Statuette de lion. Ivoire. Longueur : 29.5 cm. Altıntepe. 2ème moitié du VIIIème siècle av. J.-C..

329. Masque. Ivoire. Hauteur : 2.6 cm. Altıntepe. 2ème moitié du VIIIème siècle av. J.-C..

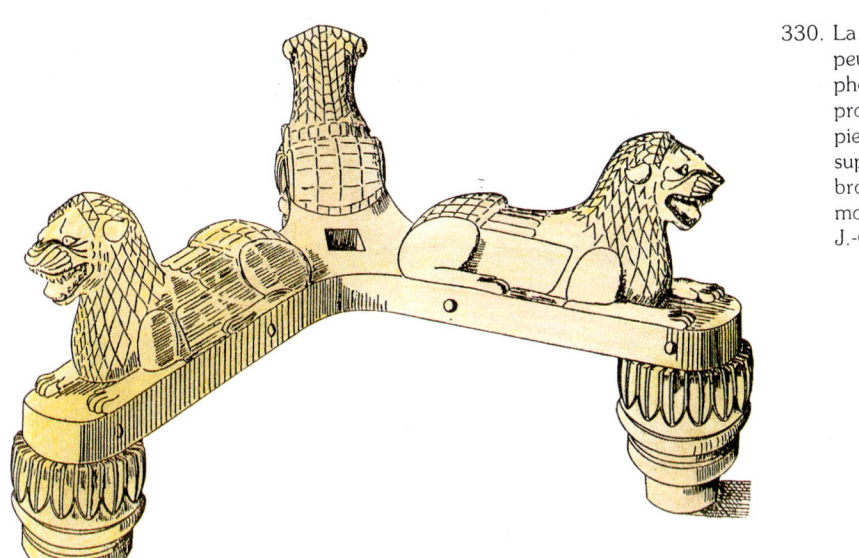

330. La statuette du lion que l'on peut voir représentée sur la photo n° 328 se trouvait probablement sur l'un des pieds du tripode qui devait supporter une table basse en bronze. Altıntepe. 2ème moitié du VIIIème siècle av. J.-C..

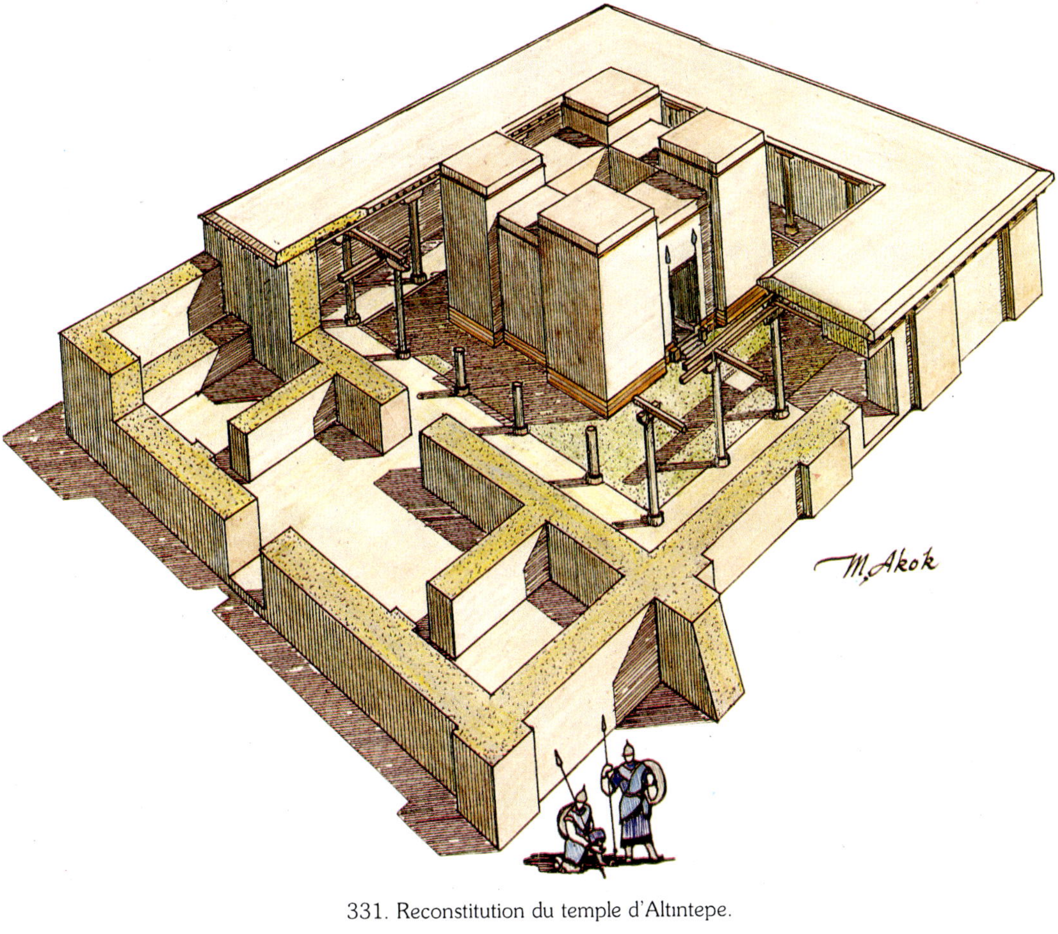

331. Reconstitution du temple d'Altıntepe.

332. Sceau-cachet. Or.
Hauteur : 1.2 cm. Patnos.
VIIIème siècle av. J.-C..

333. Sceau en forme de cloche.
Bronze.
Hauteur : 2.2 cm. Patnos.
VIIIème siècle av. J.-C..

334. Sceau-cylindre. Stéatite. Hauteur : 3 cm.
Patnos. VIIIème siècle av. J.-C..

335. Fragment de plaque à relief.
Or. Hauteurs : 2.6 cm.
Altıntepe.
VIIIème siècle av. J.-C..

336. Boutons. Or.
Hauteurs : 0.5 cm. Altıntepe.
Fin du VIIIème siècle début du
VIIème siècle av. J.-C..

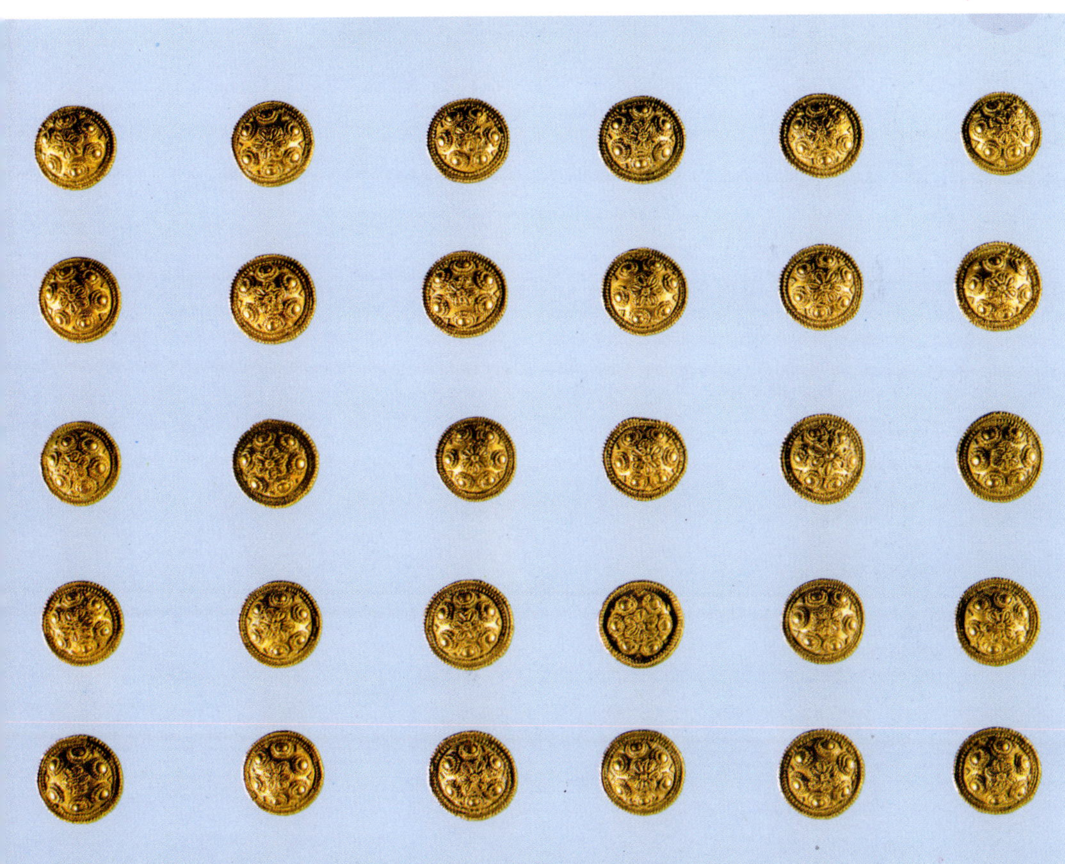

337. Collier de perles. Agate, ambre et pierre bleue. Longueur : 28.5 cm. Patnos. VIIème-VI siècles av. J.-C..

338. Boucle d'oreille (unique). Or. Hauteur : 5.6 cm. Patnos. VIIème-VI siècles av. J.-C..

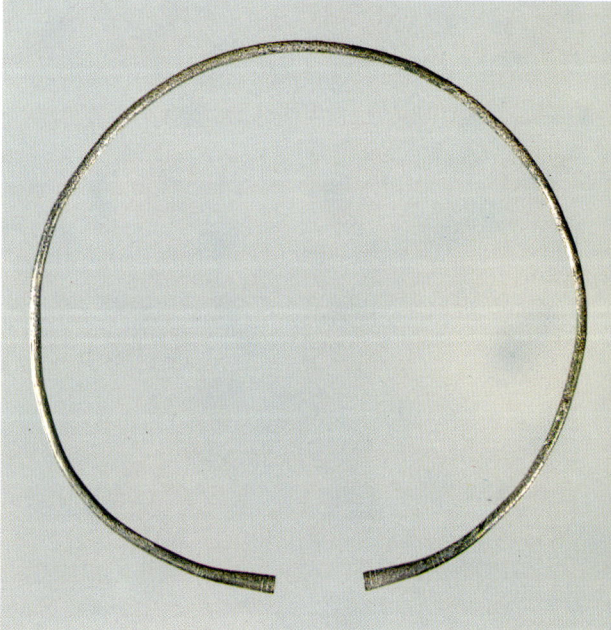

339. Collier. Argent. Diamètre : 13 cm. Patnos. VIIème-VI siècles av. J.-C.

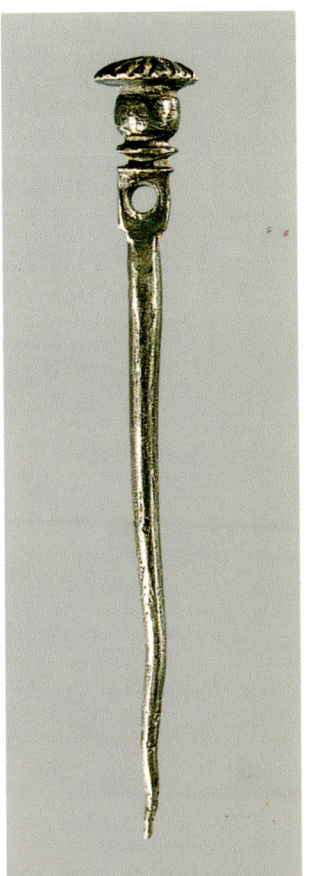

341. Epingle. Argent.
Hauteur : 5.5 cm.
Patnos-Dedeli.
VIIème-VIème siècles av. J.-C..

342. Bracelet. Argent.
Diamètre : 7.8 cm.
Patnos.
VIIème-VI siècles av. J.-C..

340. Epingle. Bronze. Hauteur : 8.3 cm.
Patnos. VIIème siècle av. J.-C..

343. Vase avec figure humaine. Terre cuite. Hauteur : 14.6 cm. Patnos. IXème-VIIIème siècles av. J.-C..

344. Bloc de pierre décoré de relief avec inscription cunéiforme. Adilcevaz. Kef Kalesi. Deux lions sont affrontés portant sur leur dos une représentation du dieu ailé Haldi. VIIème siècle av. J.-C..

345. Brûle-parfum. Argent. Hauteur : 28.8 cm. Uşak, Ikiztepe. VIème siècle av. J.-C..

LA PÉRIODE LYDIENNE

Les racines de l'art lydienne remontent à l'Age de bronze durant lequel leurs ancêtres, étaient parfois en paix et parfois en guerre avec l'Empire Hitite. Les lydiens, durant l'age de fer plus précisement de GYGES à CRESUS (685 - 547 av. J.C.) avec la dinastie Mermnades, ont marqué un développement remarquable. Le royaume lydien exerça l'hégémonie en Asie Mineure, après la mort de Midas, roi de Phrygie, en 695 av. J.C. à la suite des assauts des bandes Cimmériens. Les lydiens ont gardé leur langue et leurs cultures mais ils étaient ouverts aux relations de l'est avec les Phrygiens, les Luwis en même temps les Medes et les Persans, à l'ouest avec les Grecs et ont eu des relations diplomatiques jusqu'à l'Assyrie et l'Egypte.

L'art lydien, influencé fortement des oeuvres d'art produites par les anciennes grandes civilisation d'Anatolie, a su influencer, à son tour, leur plus grand concurrent en Proche Orient; Les ACHEMENIDE (les Persan) ainsi que l'art persan.

Le haut niveau exceptionnel atteint par l'art Lydien est dû à la continuité de l'héritage Anatolien. L'envoie de ses artists, de ses artisants et de ses architectes au Pays de Perse, à Pasargade et à Susa, l'exportation des objects metalliques et des bijoux jusqu'aux palais de la Grece, ainsi que l'étude approfondie des objets en ivoire et les figurines d'offrandes, sont les meilleurs témoins du niveau de l'art lydien.

Les morceaux de fresques découvertes dans le tumulus de Uşak-Aktepe et les fresques de "Kline" lit de mort dans le tumulus de HARTA à Manisa - Kırkağaç nous donnent une idée du niveau de la painture et de sculture chez les Lydiens.

Une série d'object d'art sont connues dans le monde étant les trésors lydiens ou plutôt les trésors de Crésus. Tous ces objects d'art sont trouvés à la suite des fouilles clandestines et ces objets de culture anatolien découverts ont été envoyés en dehors de la Turquie par des voies illégales.

Les oeuvres exposées sous le nom de "trésors des Lydiens" sont faites de métaux précieux, tels que l'or et l'argent. Elles se composent de vases, de bijoux, de figurines, de sceaux, de fresques murales et de sphinx de marbre. La plupart d'entre elles sont exposées au musée d'Uşak.

Les objets de métal ont été fabriqués en utilisant différentes techniques de métallurgie qui traduisent une très ancienne maîtrise de cet art. Nous pouvons dater ces objets de la seconde moitié du 6ème siècle av. J.-C..

346. Vase à huile (aryballe) en forme de tête de cheval.
Hauteur : 7.65 cm. Uşak, Ikiztepe.
VIème siècle av. J.-C..

347. Aryballe en forme de tête de guerrier
Hauteur : 6.1 cm. Uşak, Ikiztepe
VIème siècle av. J.-C

348. Boîte avec son couvercle (pyxide). Marbre blanc.
Diamètre : 8.9 cm. Uşak, Ikiztepe.
VIème siècle av. J.-C..

349. Flacon à parfum (alabastre). Albâtre.
Hauteur : 20.8 cm. Uşak, Ikiztepe.
VIème siècle av. J.-C..

350. Cruche à bec évasé. Argent.
Hauteur : 11.6 cm. Uşak, Ikiztepe.
VIème siècle av. J.-C..

351. Bol (phiale). Argent. Hauteur : 3.7 cm.
Uşak, Ikiztepe. VIème siècle av. J.-C..

352. Plat à une seule anse avec filtre. Argent.
Hauteur : 3 cm. Uşak, Ikiztepe.
VIème siècle av. J.-C..

353. Amphore. Terre cuite. Hauteur : 31 cm. Kültepe. Le vase à engobe blanc est richement paré de couleurs rouge et noire. Son col et son épaule sont décorés d'écailles de poisson et de branches de lierre. Sur la panse est représenté un chasseur imberbe vêtu à orientale. Il est sur un cheval en train de se cabrer. Période hellénistique.

LES CIVILISATIONS DE L'ANATOLIE
DE 1200 AV. J.-C. À NOS JOURS

A la fin du deuxième millénaire av. J.-C., les migrations des peuples de la Mer, qui arrivent en Anatolie en passant par les Détroits, entraînent de profondes transformations. L'empire Hittite, qui dominait une grande partie de l'Anatolie, est effacé de l'histoire. Pendant la première moitié du premier millénaire, l'Anatolie est sous le contrôle des royaumes Néo-Hittite, Ourartéen, et Phrygien qui étaient établis dans différentes régions. A la même époque, le peuple grec, poussé par les migrations doriennes, arrive par les îles dans l'ouest de l'Anatolie, se mêle aux populations locales et jette les bases de la civilisation ionienne. C'est ainsi que sont fondées les premières colonies. Caractérisée par des dessins tracés au compas, cette période est connue sous le nom de période " proto-géométrique" (1100-950 av. J.-C.). Elle est suivie par la période "géométrique" (950-600 av. J.-C.) avec la transformation des motifs ronds en motifs géométriques anguleux.

L'Ionie, qui a toujours accordé de l'importance à l'art, connaît des développements majeurs, sous l'influence de l'art oriental, dans les domaines de la sculpture, de l'architecture et de la céramique.

En architecture, sont jetées les bases des temples gigantesques qui seront construits plus tard. Dans la sculpture, par rapport aux périodes proto-géométriques et géométriques, l'anatomie humaine devient plus réaliste. Dans les années 670 av. J.-C., on commence à faire de grandes statues en marbre. Quant à la céramique, à la période orientaliste, les poteries peintes avec des frises d'animaux de la Grèce orientale continuent à porter la trace vivante des couleurs de l'Anatolie.

A la période "archaïque" qui suit la période orientaliste, dans les oeuvres de grandes dimensions produites alors on retrouve d'une certaine manière ce style. Les statues propres à l'Anatolie occidentale et le style architectural ionien de cette époque influenceront plus tard l'art de "l'ge classique" dans le monde égéen occidental.

Entre 700 et 300 av. J.-C., les civilisations Carienne et Lycienne se développent en Anatolie du sud ouest. Les tombeaux de pierre des Cariens et des Lyciens en particulier, situés en Anatolie du sud ouest, sont parmi les plus remarquables monuments de l'Anatolie. Quant à l'Anatolie centrale, elle était sous la domination du royaume de Lydie dont la capitale était Sardes.

Le royaume, en étendant ses frontières jusqu'au Kizilirmak, fit passer les Phrygiens sous sa domination. La Lydie qui entretenait des relations de bon voisinage avec les cités ioniennes à cause de leur situation, plaça la ville d'Éphèse sous son autorité et devint le plus riche Etat de la région. Au 7ème siècle av. J.-C., pour la première fois dans l'histoire, on bat monnaie de métal.

Les Perses mettent un terme à la souveraineté lydienne en 546 av. J.-C. et l'Anatolie passe sous la domination perse (546-334 av. J.-C.). A cette époque, l'art en Anatolie commence à traduire des influences perses. Se constitue un environnement qui produit des oeuvres d'art de style gréco-perse.

A la fin du quatrième siècle av. J.-C., le Macédonien Alexandre le Grand met fin à la domination perse. Commence alors la période hellénistique qui dure de 330 à 30 av. J. C..

Mais, à la mort d'Alexandre le Grand, le grand empire qu'il avait fondé est partagé entre ses généraux en guerre pour le pouvoir. Une grande partie de l'Anatolie est rattachée au royaume de Pergame. Selon les volontés ultimes du dernier roi de Pergame, l'ouest de l'Anatolie passe sous la domination de Rome.

Entrée sous la domination de Rome par voie de testament, l'Anatolie se romanise grâce la paix, et non à cause de la guerre. La culture traditionnelle de l'Anatolie continue cependant à se maintenir. Même au plus fort de l'influence romaine, les particularismes régionaux conservent leur importance.

Avec la séparation en deux de l'empire Romain, la vieille cité grecque de "Byzantion", devient, en 330, la capitale de l'empire Romain d'Orient et change son nom en "Constantinople" en hommage au nom de l'empereur. L'art byzantin est une synthèse originale entre la tradition de l'art romain, tel que développé en Anatolie avec de fortes caractéristiques régionales, et les éléments nouveaux apportés par le monde chrétien. La civilisation byzantine a duré environ mille ans entre le IVème et le XVème siècle.

Les Turcs Oghouz, qui vivaient à l'ouest de la Transoxiane et avaient embrassé l'Islam au Xème siècle, entreprennent d'étendre leurs frontières dans le but de propager leur religion.

Ils organisent des incursions sur les terres byzantines. Avec la victoire d'Alp-Arslan à Mantzikert, en 1071, les portes de l'Anatolie s'ouvrent aux Turcs. Les Turcs Seldjoukides arrivent jusqu'à Iznik dont ils font leur capitale. L'Anatolie devient une province du sultanat Grand Seldjoukide. A la place du sultanat Grand Seldjoukide détruit en 1157, un sultanat Seldjoukide d'Anatolie est créé, avec pour centre Konya.

Après la destruction par les envahisseurs mongols du sultanat Seldjoukide, l'Anatolie passe sous la domination des Ilkhanides. Elle est partagée en principautés mises en place par des tribus turques qui s'installent dans différentes régions (1071-1300).

A son arrivée en Anatolie, la tribu "Kayi" des Turcs Oghouz se voit concéder comme territoire par le sultanat Seldjoukide, la région de Söğüt à la frontière byzantine. Sont ainsi jetées les bases d'un empire qui va durer 600 ans. Les descendants d'Osman, en étendant leurs frontières, prennent Bursa, dont ils font leur capitale. Quelque temps après, ils déplacent leurs frontières sur les terres byzantines, qui se trouvent sur la rive européenne, et transfèrent leur capitale à Edirne. En 1453, Istanbul devient la capitale, en même temps qu'un centre culturel et artistique. L'art ottoman est le produit d'une synthèse originale des cultures turco-islamique et anatolienne qui remonte à la période Seldjoukide. Le bâtiment dans lequel nous nous trouvons est l'un des plus beaux exemples de l'architecture ottomane (1299-1923).

Vers la fin du 19ème siècle, l'empire Ottoman affaibli est occupé des quatre côtés. A la fin de la guerre de libération commencée en 1919, la République est proclamée et, enfin, l'Etat de la République de Turquie est créé sur les terres de l'Anatolie.

354. Miroir à main. Bronze recouvert d'or. Diamètre : 10.6 cm. Tokat (achat). Ier siècle av. J.-C..

355. Diadème. Or. Longueur : 30.3 cm. IIIème siècle av. J.C..

356. Paire de boucles d'oreille en forme de colombes. Or. Hauteur : 3.2 cm. IVème-IIIème siècles av. J.-C..

357. Boucle d'oreille en forme de sphinx (1 pièce). Or. Hauteur : 2.1 cm. IVème siècle av. J.-C..

358. Diadème. Or. Longueur : 27 cm. Ier siècle av. J.-C..

359. Collier. Or.
Longueur : 41.5 cm.
Ière siècle av. J.-C. - Ier siècle ap. J.-C..

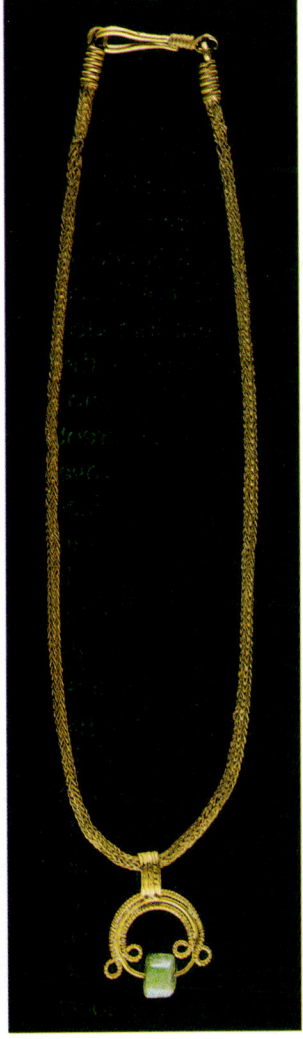

360. Boucle d'oreille (1 pièce). Or, verre de couleur. Longueur : 4.5 cm. Fin du IVème siècle début du IIIème siècle av. J.-C..

361. Boucle d'oreille (1 pièce). Or. Longueur : 3.6 cm. Fin du IVème siècle av. J.-C..

362. Paire de bracelets. Or.
Diamètre : 7.2 cm.
Yozgat.
IVème siècle av. J.-C..

363. Flacon à parfum (Alabastre). Verre. Hauteur : 12.2 cm. Achat. Vème siècle av. J.-C..

365. Alabastre. Verre. Hauteur : 10.6 cm. Achat. 2ème moitié du Vème siècle av. J.-C..

364. Amphore de petite taille (amphorisque). Verre. Hauteur : 15 cm. Tasköprü. Fin du IIème siècle av. J.-C..

366. Bol à godrons (phiale). Verre. Hauteur : 5.6 cm. Ier siècle ap. J.-C..

367. Vase à libation (rhyton). Verre. Hauteur : 12.3 cm. Ier siècle ap. J.-C..

368. Médaille (phalère). Verre. Diamètre : 3.8 cm. Achat. 1ère moitié du Ier siècle ap. J.-C..

369. Objets en verre de formes variés.

370. Tête d'homme. Bronze. Hauteur : 37 cm. Kahramanmaraş. 1ère moitié du IIème siècle ap. J.-C..

371. Statuette d'Héracles. Bronze. Hauteur : 11.5 cm. Yozgat. Achat. Epoque romaine.

372. Statuette de Zeus. Bronze. Hauteur : 10.2 cm. Zonguldak. Achat. Epoque romaine.

373. Statuette de taureau. Bronze. Hauteur : 9.5 cm. Achat. Epoque romaine.

374. Figure d'aigle. Bronze. Hauteur : 6.8 cm. Karaman (Iliara). Achat. Epoque romaine.

375. Statuette de cerf. Bronze. Hauteur : 6.4 cm. Safranbolu (achat). Epoque romaine.

376. Cyzique, Mysie.
Electrum. Nomisma.
Diamètre : 2.1 cm.
500-450 av. J.-C..

377. Chalcédoine, Bithynie.
Statère d'argent.
Diamètre : 2.2 cm.
Milieu du IVème siècle av. J.-C..

378. Séleucos III, royaumes de Syrie.
Octodrahme d'or.
Diamètre : 3 cm.
226-223 av. J.-C..

379. Q. Voconius Vitulus.
Denier d'argent.
Diamètre : 1.9 cm.
40 av. J.-C..

380. Domitien.
Sesterce de bronze.
Diamètre : 3.6 cm.
81-96 ap. J.-C..

381. Claude Ier. Tétradrachme
Cistophore d'argent.
Diamètre : 2.7 cm.
41-54 ap. J.-C..

382. Justinien Ier.
Bronze.
Diamètre : 4.15 cm.
527-565 ap. J.-C..

383. Romain III.
Argent.
Diamètre : 2.7 cm.
1028-1034 ap. J.-C..

384. Michel VII.
Or.
Diamètre : 2.8 cm.
1071-1078 ap. J.-C..

385. Ghiyath ad-din Kaïkhosraw II.
Argent.
Diamètre : 2.3 cm.
1236-1246 ap. J.-C..

386. Mehmet II. Le Conquérant.
Or.
Diamètre : 2 cm.
1451-1481 ap. J.-C..

387. Pièce commémorative du 100ème anniversaire de la naissance d'Atatürk.
Or.
Diamètre : 3 cm.
1981.

388. Eros et Aphrodite. Terre cuite.
Hauteur : 30 cm. Epoque romaine.

389. Aphrodite. Terre cuite.
Hauteur : 26 cm. Kütahya.
Epoque romaine.

390. Lampe à huile. Terre cuite. Achat. Epoque romaine.

392. Lampe à huile. Bronze. Hauteur : 37.5 cm. Achat. Période byzantine.

391. Lampe à huile. Terre cuite. Achat. Epoque romaine.

393. Stèle votive. Marbre. Hauteur : 27 cm. Emirdağ, Afyon. II-IIIème siècles ap. J.-C..

395. Stèle votive. Marbre. Hauteur : 28.9 cm. Altıntas, Kütahya. II-IIIème siècles ap. J.-C..

394. Stèles votives. Marbre. Hauteurs : 19.9 cm., 22.9 cm., 14.8 cm. II-IIIème siècles ap. J.-C..

396. Stèles votives. Marbre. Hauteurs : 28.9 cm., 18.3 cm., 27.4 cm. Emirdag, Afyon. II-IIIème siècles ap. J.-C..

398. Eros ailé. Marbre. Epoque romaine.

397. Tête de statue. Marbre. Epoque romaine.

399. Statue d'Hygie. Marbre. Epoque romaine.

400. Flacons à huile (lécythes). Terre cuite. Hauteurs : 13.1-7.7 cm. Environs de Konya. V-IVème siècles av. J.-C..

401. Bol (lebes), cruche à vin (oïnochoe) et flacon à l'huile (lécythe). Terre cuite. Hauteurs : 17 cm., 16.2 cm., 7.7 cm. Salihli, Sinop V-IVème siècles av. J.-C..

402. Vase à figures rouges à deux anses (pelike). Hauteur : 30 cm. Provenant des fouilles de Sinop. V-IVème siècles av. J.-C..

403. Canthare. Terre cuite. Hauteur : 9.6 cm. Salihli, Sinop. Période hellénistique.

404. Mortier. Bronze. XIIIème siècle ap. J.-C..

405. Cruche. Terre cuite. Hauteur : 20 cm. XIIIème siècle ap. J.-C..

406. Décorations murales (faïences). Hauteur : 27.1 cm. Provenant du Palais de Kubad-Abad à Beysehir près de Konya. XVIIème siècle ap. J.-C..

408. Décorations murales (faïences). Hauteur : 20 cm. XVIIème siècle ap. J.-C..

407. Décorations murales (faïences). Hauteur : 19.8 cm. XVIIème siècle ap. J.-C..

409. Exemples de faïences fabriquées pendant la période de la République.

410. Sculpture de la chasse au sanglier taillée dans un marbre fin. Trouvée à Ankara. Hauteur : 83 cm. IIème siècle ap. J.-C..

ANKARA À TRAVERS LES ÂGES

Ankara, la capitale de la République de Turquie, est une ville importante établie à la croisée des voies principales qui relient l'ouest et l'est, le nord et le sud de l'Anatolie.

Les habitats préhistoriques mis au jour sur le site actuel de la ville d'Ankara et dans ses environs prouvent que la ville a été une zone continûment occupée depuis les périodes les plus anciennes. Différents outils ont été trouvés sur le site d'Etiyokusu, proche de ubukçayİ qui remonte à l'époque paléolithique. Des objets appartenant à la même époque ont également été découverts à Ergazi et à Maltepe, villes situées sur la route d'Istanbul. Les vestiges d'un petit palais remontant à l'époque chalcolithique (âge du cuivre) et à l'âge du bronze, qui ont été dégagés à Ahlatlibel et à Koçumbeli au sud ouest de la ville, montrent qu'il existait de petites principautés sur ces sites à l'époque préhistorique. On sait qu'Ankara et sa région proche furent plus tard occupées par les Hittites qui s'installèrent dans la ville. Une présence Hittite a été reconnue à Bitik près de la plaine de Murted où les fouilles ont dégagé une occupation remontant à la période Hittite ancienne.

A Gavurkale, à proximité d'Haymana, à 60 km au sud ouest d'Ankara, se trouve une aire sacrée qui remonte à l'époque de l'empire Hittite. Egalement située dans les environs de Haymana-Oyaca, l'importante implantation hittite de Külhöyük est fouillée par le musée des civilisations anatoliennes.

La première occupation importante à Ankara remonte à l'époque phrygienne. D'après les fouilles, la ville phrygienne s'étendait, à Ankara, dans la zone située entre le temple d'Auguste et de Rome et la porte de ankiri. Selon la légende, la ville aurait été fondée par le roi de Phrygie Midas. Les Phrygiens lui auraient donné le nom d'Ancyre qui désigne l'ancre de marine. Les découvertes effectuées lors des fouilles des tumuli phrygiens des environs d'Ankara témoignent d'une importante occupation phrygienne entre 750 et 500 av. J.- C..

La capitale des Phrygiens était à Gordion, près du village de Yassihöyük, dans la région de Polatli. Les découvertes des fouilles de la ville et d'une partie de la centaine de tumuli situés alentour ont apporté des informations très précieuses sur les Phrygiens qui vivaient à Ankara et dans sa région entre les VIIIème et Vème siècles av. J.- C..

Après les Phrygiens et jusqu'à l'époque d'Alexandre le Grand, roi de Macédoine, nous n'avons pas beaucoup d'informations sur Ancyre. On sait seulement que la ville, qui se trouvait sur la fameuse "voie royale", construite sous le règne du roi de Perse Darius Ier (522-486 av. J.-C.) était à l'époque un petit centre commercial.

Alexandre le Grand après avoir passé l'hiver de 334-333 à Gordion, gagna Ancyre au printemps où il attendit jusqu'à l'automne l'armée des Perses.

On sait que Ancyre fut choisie comme capitale par les Tectosages, une tribu d'envahisseurs Galates (Celtes), lesquels, divisés en trois grands groupes, s'étaient établis dans la boucle du Kızılırmak (le Halys) ainsi que dans les régions d'Ankara et de Pessinonte après avoir déferlé d'Europe vers l'Anatolie en 278-277 av. J.-C.. En 189 av. J.-C., le consul romain G. Manlius Vulso, s'étant rendu à Ancyre et ayant vaincu les Galates, les fit administrer par le royaume de Pergame, à la condition qu'ils restent cantonnés dans leur région.

Après son incorporation dans l'empire Romain en 133 av. J.-C., suite au testament du roi de Pergame, la Galatie, qui faisait partie de la Grande Phrygie, passe sous le contrôle du royaume du Pont en 133 av. J.-C.. Mais le royaume du Pont ne réussit pas à exercer son influence dans la région d'Ancyre.

Après une période pleine de désordres, l'empereur romain Auguste place la Galatie, en 25 av. J.-C., sous l'autorité de Rome. Ancyre devient alors la capitale de la province romaine de Galatie. La ville ensuite reçoit le nom de Sébaste (Honorable) en l'honneur d'Auguste et celui-ci fait construire un temple qui porte son nom.

Au point de jonction des voies européennes avec la frontière orientale de l'empire Romain, Ancyre, grâce à sa position stratégique, se développe rapidement sous la domination de Rome et est une grande base militaire de repos pour les empereurs et les armées durant les guerres d'Orient. La ville, surtout au IIème siècle ap. J.-C., connaît alors sa période la plus brillante. Au IIIème siècle ap. J.-C., l'empereur Caracalla restaure les murailles de la citadelle et fait construire de grands thermes dans la partie au pied de la citadelle. Au milieu du IVème siècle ap. J.-C., avec la diffusion du christianisme, Ancyre devient un centre important sur le plan religieux. On sait que s'y sont tenus deux conciles en 314 et 358 ap. J.-C. au cours desquels les évêques ont arrêté des décisions majeures. En 362 ap. J.-C., l'empereur Julien l'Apostat séjourne à Ancyre et y édicte des règlements pour améliorer l'administration de la ville. En 395 après J.-C., avec la séparation de l'empire Romain en deux, la ville est intégrée à l'empire Romain d'Orient.

Sous l'autorité de Byzance, Ancyre vit la plupart du temps en paix, et ce jusqu'au VIIème siècle ap. J.-C.. Elle connaît ensuite les raids des Arabes et est soumise au pillage.

Après la victoire du sultan Seldjoukide Alp-Arslan sur l'armée byzantine à Mantzikert en 1071, elle passe, en 1073, sous l'administration du sultanat Seldjoukide. Le règne du sultan Ala ad-din Kaïqobad (1219-1237) est pour les Seldjoukides la période la plus brillante et Ancyre se caractérise par une forte activité architecturale.

A la suite de l'invasion de l'Anatolie par les Mongols, Ankara, comme les autres villes Seldjoukides, est ébranlée. Vaincu par les Mongols, Ghiyath ad-din Kaïkhosraw II s'y réfugie à cause de sa puissante forteresse. A partir de l'année 1243, le Sultanat Seldjoukide d'Anatolie entre progressivement sous l'autorité Mongole et l'influence des sultans seldjoukides s'estompe. En 1304, il est placé, à Ankara, sous l'autorité des Mongols. La ville est ensuite administrée sous la supervision des Mongols par des gouverneurs de province qui se désignent sous le nom de Akhi Beys et font du commerce

Ancyre à l'époque musulmane change son nom en Engüriye et en Angora. En 1356, la ville est occupée par les Ottomans. Le sultan ottoman Mourad Ier exerce son pouvoir à Ankara en 1362-1363. Après l'invasion de l'Anatolie par Tamerlan, la ville est, en 1402, le théâtre de la bataille d'Ankara qui se déroule dans la plaine de ubuk et se conclut par la défaite devant Tamerlan de Bayézid Ier la foudre . Après le retrait de Tamerlan de l'Anatolie, l'expansion de l'empire Ottoman et la mise en place d'une organisation provinciale, Ankara devient le centre de la province d'Anatolie.

Ankara subit les révoltes des Djelâlî qui commencent dans la région au début du XVIIème siècle. A la suite de ces soulèvements, une partie de la ville est détruite.

Lors du déclin de l'empire Ottoman, Ankara, comme les autres villes, connaît une période d'effacement. La ville à cette époque est devenue un centre important pour la fabrication du cuir et le commerce du mohair et des étoffes de mohair qui sont une grande source de revenus pour la région.

Avec la fin de l'empire Ottoman et la guerre de libération, la ville commence à prendre de l'importance et, après la victoire, devient la capitale de l'Etat de la République de Turquie, le 13 octobre 1923.

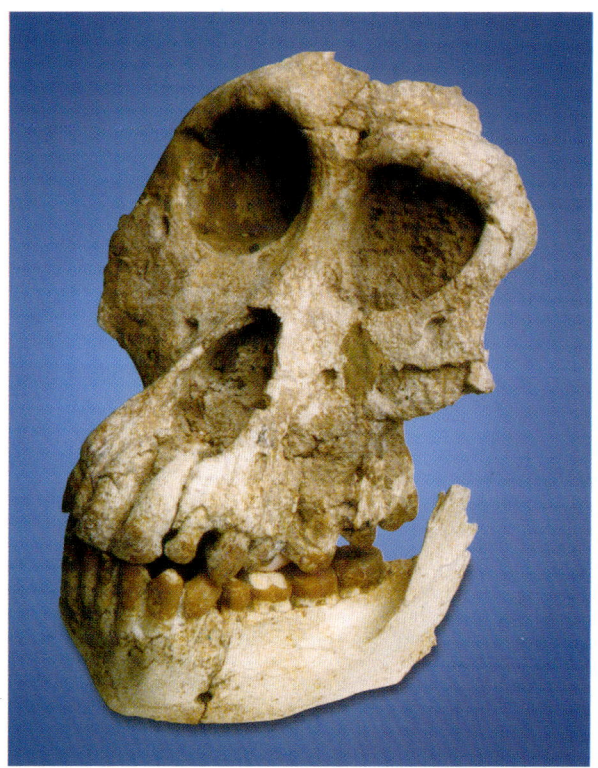

411. Le singe d'Ankara (Ankarapithèque). Provenant des fouilles de la formation de Sinap, Kazan, Ankara. Epoque du miocène.

412. Une vue du chantier de la fouille de la formation de Sinap à Kazan. Ankara.

413. Idole jouet à forme animale. Terre cuite. Environ d'Ankara. Milieu du IIIème millénaire av. J.-C..

415. Pichet à bec verseur. Terre cuite. Hauteur : 14.5 cm. Karaoğlan. Milieu du IIIème millénaire av. J.-C..

414. Cruche à bec verseur. Bronze. Hauteur : 12.8 cm. Haymana. Ankara. Milieu du IIIème millénaire av. J.-C..

416. Vase à deux anses (Depas Amphikypellon). Terre cuite. Hauteur : 24.2 cm. Karaoğlan. Milieu du IIIème millénaire av. J.-C..

418. Bulle. Terre cuite. Hauteur : 1.4 cm. Külhöyük. XIVème siècle av. J.-C..

417. Vue à partir du sud de la fouilles V de Külhöyük.

419. Sceau-cachet. Pierre. Hauteur : 2.8 cm. Külhöyük. XVIII-XVIIème siécles av. J.-C..

420. Impression du sceau-cachet représenté sur la photo 419.

422. Objets provenant de Külhöyük. Terre cuite. XVIII-XVIIème siécles av. J.-C..

421. Coupe à bec. Terre cuite. Hauteur : 21 cm. Külhöyük. XVIII-XVIIème siécles av. J.-C..

423. Vase rituel (rhyton). Terre cuite. Longueur : 25 cm. Bitik. XIV-XIIIème siècles av. J.-C..

424. Vases peints. Terre cuite. Hauteurs : 14.4 cm., 13.7 cm., 8.6 cm. Environ d'Ankara. VIIIème siècles av. J.-C..

425. Cruche peinte à ouverture trilobée. Terre cuite. Hauteur : 20.9 cm. VIIIème av. J.-C..

426. Cruche à ouverture trilobée. Terre cuite. Gordion. VIIIème-VIIème siècles av. J.-C..

427. Tête de femme. Marbre.
Hauteur : 40 cm.
Fouilles du théâtre d'Ankara.
IIème siècle ap. J.-C..

428. Satyre. Marbre.
Théâtre d'Ankara.
IIème siècle ap. J.-C..

429. Diadème. Or. poids : 62.04 gr. Fouilles de Balgat. IIème siècle ap. J.-C..

431. Anneau (avec pierre). Or. Diamètre : 2.86 cm. Fouilles de Balgat. IIème siècle ap. J.-C..

430. Aiguière. Bronze. Hauteur : 19.9 cm. Fouilles de Balgat. IIème siècle ap. J.-C..

432. Rhyton, plat, lacrimatoire et fioles à parfum. Verre. Fouilles de Balgat. Ier-IIème siècles ap. J.-C..

433. Collier. Or. Ulus, Ankara. Période romaine tardive.

435. Vase décoré avec une tête de crocodile. Hauteur : 4.2 cm. Ulus, Ankara. Période romaine.

434. Têtes de figurines. Terre cuite. Ulus. Ankara. Période romaine.

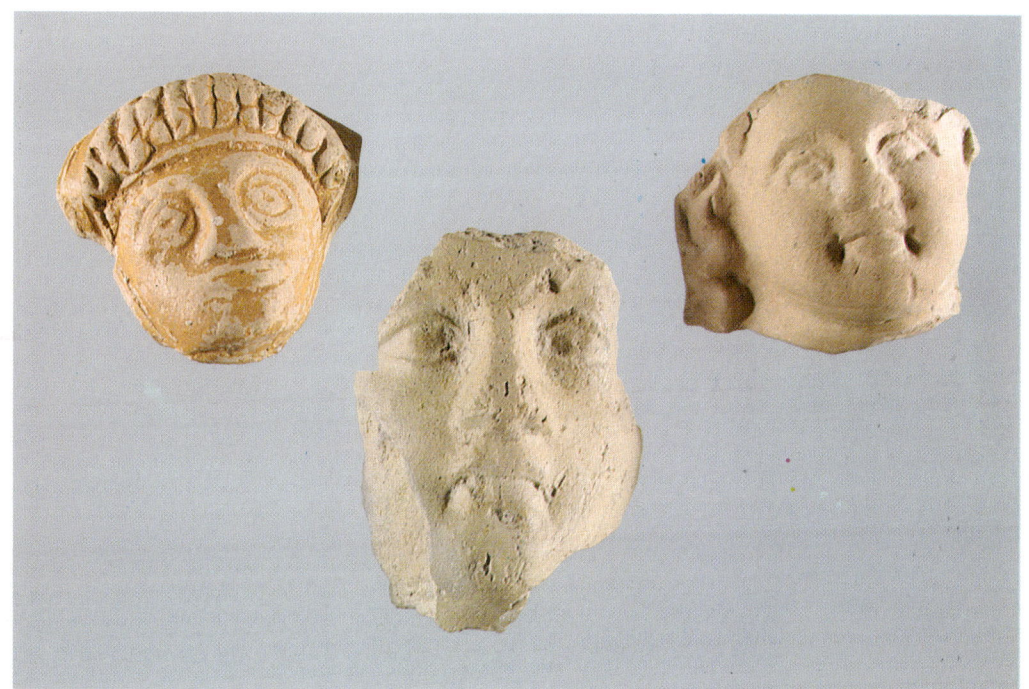

436. Vases. Terre cuite. Hauteurs : 8.2 cm., 10.8 cm. Environs d'Ankara. Epoque romaine.

437. Jouets en forme de cavalier. Terre cuite. Ier siècle av. J.-C. Ier siècle ap. J.-C..

438. Grande bouteille. Terre cuite. Hauteur : 42 cm. Kazan, Ankara. Epoque romaine.

439. Le dieu de la lune (Men). Marbre. Hauteur : 64.5 cm. Yenimahalle, Ankara (hors des fouilles). Epoque romaine.

440. L'empereur Vespasien. Bronze. Diamètre : 3.2 cm. 69-79 ap. J.-C..

441. L'empereur Trajan. Bronze. Diamètre : 3.2 cm. 98-117 ap. J.-C..

442. L'empereur Lucius Verus. Bronze. 161-169 ap. J.-C..

443. Buste de l'empereur romain Trajan traité en tondo. Bronze.
Diamètre : 63 cm. Ankara. Ier-IIème siècle ap. J.-C..

444. Statuette de la déesse mère (Cybèle). Terre cuite.
Hauteur : 14.5 cm. Gordion. Période hellénistique.

445. Tête de cavalier. Marbre. Hauteur : 13.7 cm. Gordion. Période hellénistique.

446. Tête de femme en applique. Marbre. Hauteur : 13.1 cm. Ankara. Ier-IIème siècles ap. J.-C..

447. Tête de femme voilée. Marbre. Hauteur : 32 cm. Ankara. II-IIIème siècles ap. J.-C..

449. Statuette d'Asclépios. Marbre.
Hauteur : 28.5 cm.
Ankara, Kutludüğün.
IIème siècle ap. J.-C..

448. Statuette d'Athéna. Marbre. Hauteur : 34.5 cm.
Ankara, Kutludüğün. IIème siècle ap. J.-C..

450. Buste de Zeus. Marbre.
Hauteur : 102 cm.
Ankara, Kutludüğün.
Ier-IIème siècles ap. J.-C..

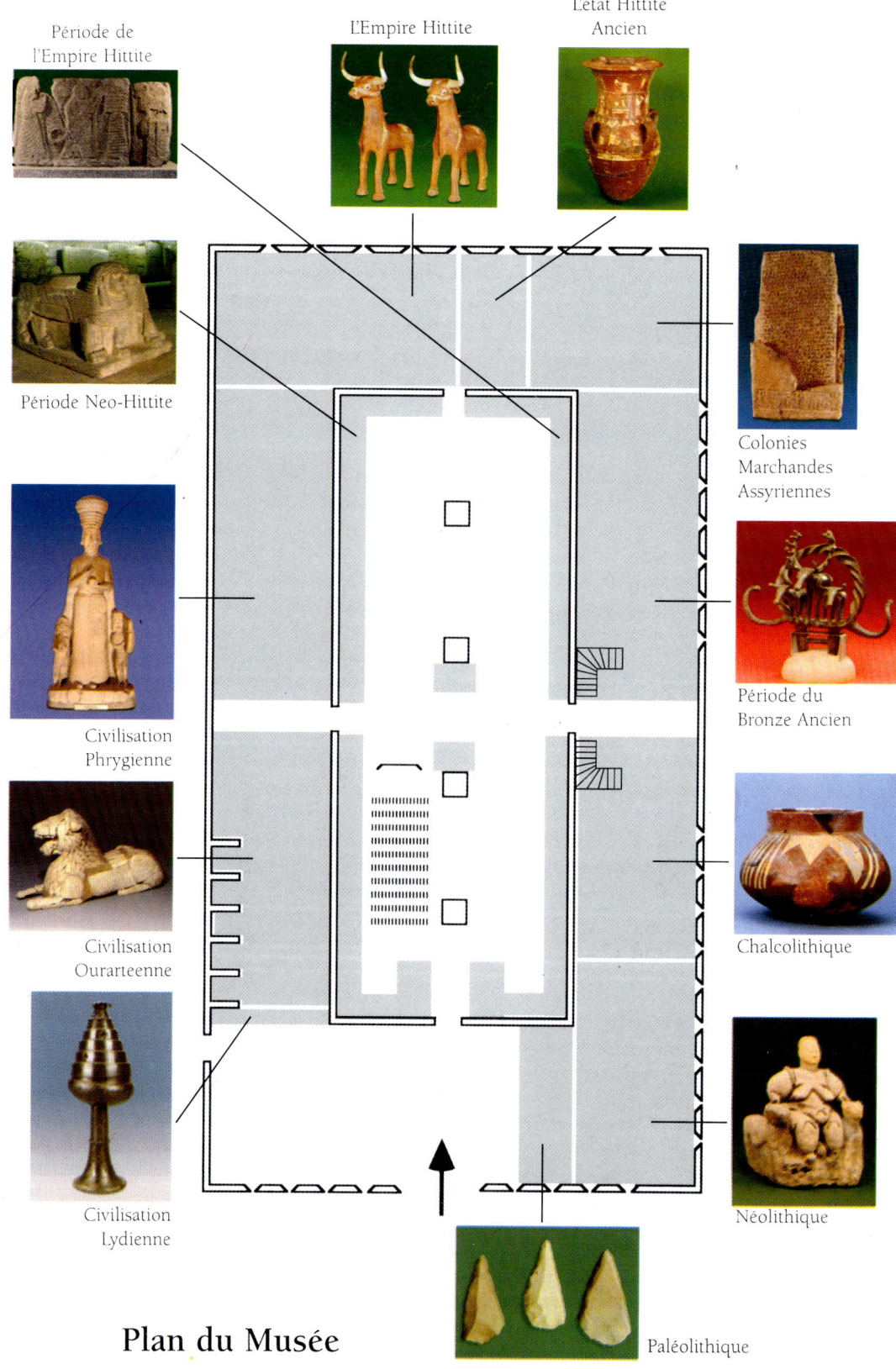

Ankara

Période Classique

Plan du sous-sol du Musée

CHRONOLOGIE DE L'ANATOLIE

PERIODES PREHISTORIQUES

PALEOLITHIQUE	400.000 - 8000
NEOLITHIQUE	8000 - 5500
CHALCOLITHIQUE	5500 - 3000
PERIODE DU BRONZE ANCIEN	3000 - 2000

PERIODES HISTORIQUES (AV J.-C.)

DES COLONIES MARCHANDES ASSYRIENNES	1950 - 1750
L'ETAT HITTITE ANCIEN	1750 - 1450
DE L'EMPIRE HITTITE	1450 - 1200
NEO - HITTITE	1200 - 700
CIVILISATION PHRYGIENNE	750 - 300
CIVILISATION LYDIENNE	700 - 300
CIVILISATION OURARTEENNE	900 - 600
CIVILISATION CARIENNE/LYCIENNE	700 - 300
CIVILISATION IONIENNE	1050 - 300
CIVILISATION PERSE	545 - 333
CIVILISATION HELLENISTIQUE	333 - 30

AP J.-C.

PERIODE DE L'EMPIRE ROMAIN	(AV J.C. - AP J.C.)
PERIODE PALEO-CHRETIENNE et BYZANTINE	330 - 1453
PERIODE SELDJOUCIDE	1077 - 1308
PERIODE OTTOMANE	1299 - 1920
LA REPUBLIQUE	1920 -

LIEUX DE PROVENANCE DES OBJETS EXPOSES DANS LE MUSEE

Lieu	N°	PALEOLITHIQUE	NEOLITHIQUE	CHALCOLITHIQUE	BRONZE ANCIEN	COLONIES MARCHANDES ASSYRIENNES	HITTITE	NEO HITTITE	PHRYGIENNE	OURARTEENNE
ACEMHÖYÜK	1					○	□			
ADİLCEVAZ	2									⬤
AHLATLIBEL	3				●					
ALACAHÖYÜK	4			▲	●	○	□		△	
ALİŞAR	5			▲		○			△	
ALTINTEPE	6									⬤
ANITKABİR	7								△	
ARSLANTEPE	8							⊙		
BEYCESULTAN	9				●		□			
BOĞAZKÖY	10						□		△	
BOLU	11				●					
CANHASAN	12			▲						
ÇATALHÖYÜK	13		■							
ÇAVUŞTEPE	14									⬤
ELMALI	15				●					
EMİRDAĞ	16				●					
ESKİYAPAR	17				●		□			
ETİYOKUŞU	18				●					
FERZANT	19				●		□			
GORDİON	20								△	
HACILAR	21		■	▲						
HASANOĞLAN	22				●					
HAVUZKÖY	23							⊙		
HOROZTEPE	24				●					
ILICA	25						□			
İKİZTEPE	26									
İNANDIK	27						□			
KALINKAYA	28				●					
KARAİN	29	✿								
KARAOĞLAN	30				●					
KARAYAVŞAN	31				●					
KARAZ	32			▲						
KAYALIDERE	33									⬤
KARGAMIŞ	34							⊙		
KÖYLÜTOLU	35						□			
KÜLTEPE	36				●	○	□			
MAHMATLAR	37				●					
MERZİFON	38				●					
PATNOS	39									⬤
PAZARLI	40								△	
SAKÇAGÖZÜ	41							⊙		
SULTANHAN	42							⊙		
TİLKİTEPE	43									⬤
TOPRAKKALE	44									⬤
ÜNYE	45									⬤
VAN	46									⬤

BIBLIOGRAPHIE

PREHISTORIC PERIODS
Paleolithic

BORDES. F. - **Le Paléolithique Dans le Monde.**
(1968) L'Univers des Connaissances, Paris, 1968

CHILDE. G. -**Man Makes Himself.**
(1956) Watts, London, 1956

CHILDE. G. -**Tarihte Neler oldu.**
(1974) (Çev. Alâeddin Şenel - Meten Tunçay) Odak Yayınları: 10, Tarih dizisi (T): 2 Ankara, 1974.

KANSU. Şevket Aziz: **"Stone Age Cultures in Turkey"**, American, Journal of Archaeology. vol. 51. 1947

KÖKTEN, I. Kılıç: **"Antalya Karain Mağarasında Yapılan Tarih Öncesi Araştırmalarına Toplu Bir Bakış"**, Türk Arkeoloji Dergisi VII-I

KÖKTEN, İ. K.- **"Karain'in Türkiye Prehistoryasındaki Yeri"**. T.C.D XVIII - XIX, Sayı 22-23, Ankara, 1964, s. 17-27

SEMENOV, S.A.- **Prehistoric Technology.**
(1964) (Translated by M.W Thompson) Cory, Adams - Mackay, London. 1964.

SOLECKI. R.S. **"The old world paleolithic"**
The Old World Early Man to the Development of Agriculture New York. 1974 pp. 45-70.

SOYLU. G - **Prehistorik Devirlerde Avcılık ve Türkiye'deki İzleri.**
(1971) Yayınlanmamış Doktora tezi. Ankara, 1971

YALÇINKAYA. I.- **Taş Devirlerinde Sanat Eserleri ve Türkiye'deki İzleri** (1973) Yayınlanmamış Doktora tezi. Ankara, 1971

Neolithic Chalcolithic Early Bronze Age

ARIK. R.O.: **Türk Tarih Kurumu Tarafından Yapılan Alacahöyük Hafriyatı** 1935, Ankara, 1936

ARIK. R.O. **"Karaoğlan Hafriyatı"** Belleten III., 1939

Avrupa Konseyi 18. Avrupa Sanat Sergisi, Anadolu Medeniyetleri, İstanbul. 1983, Tarih Öncesi / Hitit / İlk Demir Çağı, T.C. Kültür ve Turizm Bakanlığı.

BLEGEN. C.W. **"Troy I. General Introduction. The First and Second Settlements"** Princeton, 1950.
Troy II. The Third and Fifth Settlements, Princeton 1951

DOLUNAY, Necati: **"Hasanoğlan İdolü"** V. Türk Tarih Kongresi Raporu. TTK. Basımevi, Ankara 1960

FRENCH. D.H. **"Late Chalcolithic Pottery in North-West Turkey and The Aegean"**, Anatolian Studies, XI, 1961.

FRENCH. D.H. **"Excavations at Can Hasan."** Anatolian Studies, XII, 1962; **"Excavations at Can Hasan : Second Preliminary Report, 1962"**, Anatolian Studies, XIII, 1963; **"Third Preliminary Report"**, Anatolian Studies, XIV. 1964; **"Fourth Preliminary Report, 1964"**, Anatolian Studies XV, 1965; **"Fifth Preliminary Report"**, Anatolian Studies. XVI, 1966

GÜTERBOCK, H.G.: **Halil Ethem Hatıra Kitabı, Ankara 1947**

KANSU. Şevket Aziz: **Etiyokuşu Hafriyatı Raporu** 1937, TTK, Basımevi, Ankara 1940.

KOŞAY, H. Z.: **Alacahöyük Kazısı 1936, Ankara, 1944**

KOŞAY, H.Z: **Türk Tarih Kurumu Tarafından Yapılan Alacahöyük Kazısı** 1937-1939'daki Çalışmalara ve Keşiflere Ait İlk Rapor, TTKY S.V, no. 5, Ankara 1951

KOŞAY H. Z.: **Akok, M., Türk Tarih Kurumu Tarafından Yapılan Alacahöyük Kazısı** 1940-1948'deki Çalışmalara ve Keşiflere Ait İlk Rapor, TTK Ys. V., no. 6, Ankara-1966

KOŞAY, H.Z.: **"Ahlatlıbel Hafriyatı"** Türk Tarih Arkeologya ve Etnoğrafya Dergisi, II, Ankara, 1934.

KOŞAY, H.Z ve TURFAN, K - **"Erzurum-Karaz Kazısı Raporu"**, Belleten, XXIII, 1959.

KOŞAY, H.Z. ve VARY, H: **Pulur Kazısı Raporu**, Ankara, 1964

KOŞAY, H.Z. ve AKOK M.: **"Amasya Mahmatlar Köyü Definesi"** Belleten, XIV. 1950

LLOYD, S. ve MELLAART, J.: **Beycesultan I, The Chalcolithic and Early Bronze Age Levels**, London, 1962

MELLAART, James: **"Anatolian Chronology in the Early and Middle Bronze Age"**, Anatolian Studies, VII, 1957.

MELLAART, James: **"Early Cultures of the South Anatolian Plateau. The Late Chalcolithic and Early Bronze Ages in the Konya Plain"**, Anatolian Studies, XIII, 1963

MELLAART, James: **Çatalhöyük. A Neolithic Town in Anatolia**, London, 1967.

MELLAART, James: **Excavations at Hacılar**, vol. I-II

MELLINK. M.J.: **"Excavations at Karataş-Semayük in Lycia, 1963"** American, Journal of Archaeology. 68, 1964;
"Excavations at Karataş-Semayük, 1964" AJA, 69, 1965
"Excavations at Karataş-Semayük, 1965", AJA, 70, 1966
"Excavations at Karataş-Semayük, 1966", AJA, 71, 1967

MELLINK. M. J.: **"The Royal Tombs at Alacahöyük. The Aegean and The Near East"**, Studies Present to Hetty Goldman, New York, 1956.

ORTHMANN, Winifred: **Die Keramik der Frühen Bronzezeit aus Inneranatolian**, Berlin, 1963

ÖZGÜÇ, Tahsin ve AKOK, M.: **Horoztepe**, TTK. Basımevi-Ankara, 1958.

ÖZGÜÇ, Tahsin: **"Yeni Araştırmaların Işığında Eski Anadolu Arkeolojisi"**. Anatolia VII, 1963 (1964), 23-42.

ÖZGÜÇ, Tahsin: **"Çorum Çevresinde Bulunan Eski Tunç Çağı Eserleri"** TTK Belleten XLIV 175, 1980, s. 459-466.

ÖZGÜÇ, Tahsin: **"Kültepe Kazısında Bulunan Mermer İdol ve Heykelcikler"**, Belleten, XXX. Sayı 81

ÖZGÜÇ, Tahsin: **"Yortan Mezarlık Kültürüne Ait Yeni Buluntular"**, Belleten VIII, 1944

Uygarlıklar Ülkesi Türkiye 1985.

HISTORIC PERIODS
Assyrian Trade Colony Period
Old Hittite and Hittite Empire Periods

AKURGAL, E: **The Art of the Hittites**, London, 1962,

ALP. Sedat **Konya Civarında Karahöyük Kazılarında Bulunan Silindir ve Damga Mühürler"** T.T.K. Basımevi, Ankara, 1972

BERAN, T.: **Die Hethitische Giyptik von Boğazköy I.**, Berlin, 1967

BITTEL, K.: **Die Ruinen von Boğazköy**, Berlin ve Leipzig, 1937.

BITTEL, K: **Boğazköy-Hattuşa III. Funde aus der Grabungen 1952 1955**, Berlin, 1957

BITTEL, K.: **Boğazköy-Hattuşa II. Die Hethitischen Grabfunde von Osmankayası**, Berlin, 1958

BITTEL, K. ve NAUMANN, R.: **Boğazköy-Hattuşa**, Stuttgart, 1952

BITTEL K. - R. NAUMANN - S.Otto, Yızılıkaya, Architectur, Kelsbilder; Inschriften und Kleinfundevdeg 61, Berlin-1941

BITTEL, Kurt. **Die Hethiter Die Kunst Anatoliens Von Ende Des III. Bis Zum Anfang Des I. Jahrtausends vor Christus.** München, C.H. Beck, 1976

BLEGEN. C. W.: **Troy III. The Sixth Settlements**, Princeton, 1953
Troy IV. Settlements VII. and VIII, Princeton, 1958

EMRE, Kutlu: **"The Pottery of The Assyrian Colonies Period According to The Building Levels of the Kanish - Karum ı"** Anatolia (Anadolu) VII, 1963 (1964), s. 87-99

EMRE, Kutlu : **Anadolu Kurşun Figürinleri ve Taş Kalıpları**, T.T.K.VI. seri, 14, Ankara-1971

GARSTANG, J.: **The Hittite Empire**, London, 1929

GÜTERBOCK, Th. M.: **Guide to Ruins at Boğazkale**, Berlin, 1966

GÜTERBOCK, H.G.: **"Yazılıkaya"**, Mittellungen der Deutschen Orientgesellschaft 86, 1953.

GÜTERBOCK, H. G.: **Halil Ethem Hatıra Kitabı**, Ankara, 1947

GÜTERBOCK, H.G. ve ÖZGÜÇ, N: **Ankara Bedesteninde Bulunan Eti Büyük Salonunun Kılavuzu**, İstanbul, 1946

KOŞAY, H.Z.: **Türk Tarih Kurmu Tarafından Yapılan Alacahöyük Harfiyatı**, Ankara 1938

KOŞAY, H.Z.: **Alacahöyük Kazısı 1936**, Ankara, 1944

KOŞAY, Hamit Z.: **Türk Tarih Kurumu Tarafından Yapılan Alacahöyük Kazısı** 1937-1939'daki Çalışmalara ve Keşiflere Ait İlk Rapor, T.T.K.Y., seri V, no.5 Ankara-1951

KOŞAY, Hamit Z - AKOK Mahmut: **Türk Tarih Kurumu Tarafından Yapılan Alaca Höyük Kazısı 1940-1948'deki Çalışmalara ve Keşiflere Ait İlk Rapor**, T.T.K.Y, seri V, no. 6, Ankara-1966'

LAMB, W: **"Excavations at Kusura Near Afyonkarahisar"**, Archaeologia, 86, 1937

LLOYD, S. ve MELLAART J.: **Beycesultan II**, London, 1965

LLOYD, S.: **Early Highland People of Anatolia**, London - 1947

OSTEN, H.H. von der: **The Alishar Höyük Seasons 1930-32, Part I** The University Chicago Press, Illinois, 1937

OSTEN, Hans H.: **The Alishar Hüyük. Season of 1927, I. The University of Chicago**. Oriental Institute Publications VI, Chicao-1930

ÖZGÜÇ, Tahsin: **Maşathöyük Kazıları ve Çevresindeki Araştırmalar** T.T.K.Y., Ankara-1973

ÖZGÜÇ, Tahsin: **Maşathöyük II**, T.T.K.Y., Ankara-1982

ÖZGÜÇ, Tahsin: **Kültepe-Kaniş II, Eski Yakındoğunun Ticaret Merkezinde Yeni Araştırmalar**, T.T.K.Y.V. dizi, sayı 41, Ankara 1986.

ÖZGÜÇ, Tahsin: **"VI. Trol'nin Anadolu Arkeolojisindeki Yeri"**, Belleten X, 1946.

ÖZGÜÇ, Tahsin: **1948 Kültepe Kazıları**, Ankara, 1950

ÖZGÜÇ, Tahsin: **Kültepe-Kaniş**, Ankara, 1959

ÖZGÜÇ, Tahsin ve ÖZGÜÇ, Nimet: **1949 Kültepe Kazısı**, Ankara, 1953

ÖZGÜÇ, Tahsin: **"Bitik Vazosu"**, Anatolia II (1957)

ÖZGÜÇ, Tahsin ve ÖZGÜÇ, Nimet: **1947 Karahöyük Kazısı**, Ankara, 1949

Late Hittite Period
Phrygian and Urartian Period

AKURGAL, Ekrem: **Phrygische Kunst**, A.Ü.D.T.C.F. yayınları, Ankara, 1955

AKURGAL, Ekrem: **Die Kunst Anatoliens**, Berlin 1961

AKURGAL, E.: **Spathethitische Bildkunst** Ankara, 1949

BALKAN, Kemal: **"Patnos'ta Keşfedilen Urartu Tapınağı ve Urartu Sarayı"**, Atatürk Konferansları I, TTK. Basımevi, 1964

BERAN, T.: **Urartu, Kultur Geschichte des Alten Orient**, Stuttgart, 1961

BİLGİÇ, Emin-ÖĞÜN, Baki: **Adilcevaz Kef Kalesi Kazıları**, Anadolu 1965, Cilt 9, s.l.

BITTEL, ve OTTO, H.: **Demirciköyük. Eine vorgeschichtiche Ansiedlüng an der phrygisch-bithynischen Grenze**, Berlin, 1939

BOSSERT, ALKIM ve ÇABEL: **Karatepe Kazıları**, Türk Tarih Kurmu Basımevi, Ankara 1950

DELAPORTE, L.: **Malatya**, Paris, 1940

Elizabeth Simpson and Robert Payton, Royal Wooden: **Furniture from Gordion**, Archaelogy, volume 39. Number 6, s. 40, November, December 1986.

GELB, Ignace: **Hittite Hieroglyphic Monuments**, Chicago-1939

ÖĞÜN, Baki: **Urartu Halk Mezarları**, Cumhuriyetin 50. Yıldönümü Anma Kitabı, Ankara Üniversitesi DTCF Yayınları, 1974.

ÖZGÜÇ Tahsin: **"Anıtkabir Tümülüsleri"**, Belleten, X. Sayı 41

ÖZGÜÇ, Tahsin: **Altıntepe Mimarlık Anıtları ve Duvar Resimleri**, Ankara 1966.

ÖZGÜÇ, Tahsin: **Altıntepe II Mezarlar, Depo Binası ve Fildişi Eserler**, Ankara, 1969.

PIOTROVSKY, Boris B., The Ancient Civilization of Urartu, Geneva 1969.

PIOTROVSKY, Boris B., The Kingdom of Van and Its Art, Urartu, New York 1967.

TEMİZER, Raci: **"Ankara'da Bulunan Kybele Kabartması"**, Anatolia VII, s. 179-182, 1959

TEMİZER, Raci: **"Kayapınar Höyüğü"**, Belleten XVIII, 1954

VAN LOON: **Maurits Nanning; Its Distinctive Traits in the Light of New Excavations**, İstanbul 1966.

WOOLLEY, C.L.: **Carchemisch Part II**, London-1921.

WOOLLEY, C.L.: Carchemisch Part III. The Excavations In The Inner Town, Insriptions, London-1952.

YOUNG, R.S: **Three Great Early Tumuli**, University of Pennsylvania, 1981

YOUNG, R.S.: **"Gordion: Phrygian Construction and Architecture"**, Expedition, The Bulletin of the University Museum of the University Pennsylvania.

YOUNG, R.S.: **Gordion Kazıları ve Müzesi Rehberi**, Ankara Turizmi Eski Eserleri ve Müzeleri Sevenler Derneği Yayınları

ANATOLIAN CIVILIZATIONS FROM THE 7th CENTURY B.C. ON

Akurgal, E.: **Die Kunst Anatoliens**, Berlin 1961; Orient und Okzident Baden-Baden 1966; **The Art of Greecese: The Orijins**, New York 1968; **Ancient Civilizations and Ruins of Turkey**, İstanbul 1985; Griechische und Römische Kunst in der Turkei, Hirmer 1987.

BEAN, G.E.: **Aegean Turkey**, London 1966

BOSCH, E.: **Quellen zur Geschichte der Stadt Ankara im Altertum**, T.T.K. Ankara 1967

COOK, J.: **Ionia and the East**, London 1962

DUYURAN, R..: **Batı Anadolu**, İstanbul 1948

ERZEN, A..: **İlk Çağda Ankara**, Ankara 1946

EYİCE, Semavi: **Ankara'nın Eski Bir Resmi**, Ank. 1972

FOSS, C.: **Late Antigue and Byzantine**, Ankara, DOP 31, 1977

GALANTİ, Avram: **Ankara Tarihi I-II**, İst. 1946-1951

GÜLEKLİ, Nurettin Can: **Ankara Rehberi**, Ank. 1949

GÜLEKLİ, Nurettin Can: **Ankara Tarih ve Arkeoloji**, Ank. 1948

GÜLEKLİ, C.: **The guide of Ankara**, Ankara 1961

GÜRÜN, Ceyhan: Türk Hanlarının Gelişimi ve İstanbul Hanları Mimarisi, Ankara 1978

Hamit Zübeyr Koşay; **"Ankara Arkeoloji Müzesinin İlk Kuruluş Safhası İle İlgili Anılar"**, Belleten C. XLIII. S. 170 Ankara 1979

İnan, J. - Rosenbaum, E., Roman and Early Byzantine Portrait Soulpture in Asie Minör. Oxford 1966

KOŞAY, H.Z.: **Augustus Tempel in Ankara**, Anatolia 2, 1957

KRENCKER-SCHEDE.: Der Tempel in Ankara, Berlin 1936

MAHMUT, A.: **Ankara Roma Hamamı**, Türk Ark Derg. 17, 1968

ÖNEY, Gönül: **Ankara'da Türk Devri Dini ve Sosyal Yapıları**, Ankara 1972.

ÖZDEMİR, Rıfat: **XIX. Yüzyılın İlk Yarısında Ankara**, Ank. 1986

Edition de l'association
de défense et de soutien
du musée des civilisations anatoliennes.

© Tous droits réservés.

Les sections lydienne et classique, la section d'Ankara et les notices de cet ouvrage ont été traduites en français par MM. Denis LOUCHE et Eric JEAN.